中国社会科学院陆家嘴研究基地
Lujiazui Institute of Chinese Academy of Social Sciences

基地报告

REPORT OF LUJIAZUI INSTITUTE, CASS

主编■李 扬 殷剑峰 本书作者■陈 甦 罗东川 陈 洁 夏小雄

第11卷

陈 甦 罗东川 夏小雄■著

中国（上海）自由贸易试验区
建设的法治保障

陈 甦 陈 洁 夏小雄■著

上海自贸区金融监管体制的
建构和优化

经济管理出版社
ECONOMY & MANAGEMENT PUBLISHING HOUSE

图书在版编目（CIP）数据

基地报告. 第 11 卷/陈甦等著. —北京：经济管理出版社，2017.12
ISBN 978-7-5096-5492-7

Ⅰ.①基…　Ⅱ.①陈…　Ⅲ.①区域经济发展—研究报告—上海　Ⅳ.①F127.51

中国版本图书馆 CIP 数据核字（2017）第 279040 号

组稿编辑：宋　娜
责任编辑：许　艳
责任印制：黄章平
责任校对：董杉珊

出版发行：经济管理出版社
　　　　　（北京市海淀区北蜂窝 8 号中雅大厦 A 座 11 层　100038）
网　　址：www.E-mp.com.cn
电　　话：(010) 51915602
印　　刷：玉田县昊达印刷有限公司
经　　销：新华书店
开　　本：720mm×1000mm/16
印　　张：14.25
字　　数：200 千字
版　　次：2017 年 12 月第 1 版　2017 年 12 月第 1 次印刷
书　　号：ISBN 978-7-5096-5492-7
定　　价：78.00 元

目 录
CONTENTS

中国（上海）自由贸易试验区
建设的法治保障

陈　甦　罗东川　夏小雄　著

一 导 言

中国（上海）自由贸易试验区（以下简称"上海自贸区"）的建立是中共中央、国务院的重大决策，是新形势下推进改革开放的重大举措，对于加快政府职能转变、积极探索管理模式创新、促进贸易和投资便利化具有重要意义，可以为全面深化改革和扩大开放探索新途径、积累新经验。

与其他国家自贸区有所不同，上海自贸区的建设不只涉及招商引资和贸易开放的问题，同时包含政府职能转变、监管制度调整、金融创新改革等更多全方位、深层次的命题。从根本上说，上海自贸区建设是在中国特色社会主义市场经济体制下和社会主义法治体系中，通过运行实态机制的试点实践，为市场与政府关系建构实验模型、筛选最优方案、塑型最佳模式。上海自贸区作为全国自贸区建设的"试验田"和"桥头堡"，其实践经验不仅对于其他地区自贸区的建设具有示范价值，而且对于未来全国范围内推行的深化改革、扩大开放和建构结构合理、功能有效的市场与政府关系等相关重大举措，也有以点带面、以面构体的系统更新牵动效应。"社会主义市场经济本质上是法治经济"。① 中国特色社会主义市场经济体制和社会主义法治体系，既是上海自贸区建设的社会环境系统，也是上海自贸区建设内在的体制机制要素。为了确保上海自贸区的各项改革创新有序推进，必须正确处理深化改革与完善法治之间的关系，从法治视角建构和完善各项制度体系，既为自贸区试验预设提供充分的引领，又对自贸区建设活动加以有效的规范，还要对自贸区建设的经验成果加以切实的保障。上海自贸区在"先行先试"的过程中，必须要有完善的法治保障机制，并着

---

① 《中共中央关于全面推进依法治国若干重大问题的决定》。

力为此培育一个法治化、国际化的营商环境。① 具体而言，上海自贸区建设的"法治保障"可以从三个维度展开：首先是立法层面的保障，也即必须为上海自贸区建设提供完善的法律规则体系，使各项改革创新措施能够依法推进，"实现立法和改革决策相衔接，做到重大改革于法有据"；② 其次是行政层面的保障，也即必须建构与上海自贸区建设实践需要相符合的管理体制、监管制度，在自贸区运作层面，做到"使市场在资源配置中起决定性作用和更好发挥政府作用"③ 的有效结合；最后是司法层面的保障，也即必须在上海自贸区内确立高效公正的法律争议纠纷解决机制，这是地域市场效能的有机组成部分，其中起核心和示范作用的就是司法机制。

讨论"上海自贸区建设的法治保障"问题，可以着眼于两个层面进行分析：一是国家层面上海自贸区的整体制度建构；二是地方层面上海自贸区的具体改革试验。

从国家层面而言，全国人大常委会、国务院及各部委等已经通过特别授权、制定法规、制定规章、发布文件等各种形式，确立了自贸区的基本规则体系。但是，从上海自贸区建设与发展的法治实践需要来看，既有规则体系依然存在各种问题，有待继续优化完善。

从地方层面而言，上海市人大、上海市政府、上海市各级法院等按照自贸区运行与发展的法治建设要求，进一步完善了自贸区的规则，在立法、司法、行政等各个方面确立了更为具体的制度。但是，上海自贸区的建设依然面临着较多的法治难题，地方性的改革试验也需要更为系统、更为具体、更为有效的法治引领、规范与保障。

基于上述问题意识和论题逻辑，本书将重点讨论以下几个问题：

---

① 参见沈国明：《法治创新：建设上海自贸区的基础需求》，《东方法学》2013 年第 6 期，第 124-129 页。
②《中共中央关于全面推进依法治国若干重大问题的决定》。
③《中共中央关于全面深化改革若干重大问题的决定》。

一是国家层面上海自贸区的法律规范形成机制。自贸区改革会影响经济社会发展的各个层面，很多创新措施都涉及基本法律的调整，但是全国人大、全国人大常委会并未制定专门的《自贸区法》对之加以规范。目前，上海自贸区的改革主要依据国务院颁布的《中国（上海）自由贸易试验区总体方案》（以下简称"总体方案"）加以推进，各部委根据"总体方案"的要求制定了配套实施规则，上海市人大、上海市政府则相应制定了地方性的法规、规章。这种法律规则"形成"机制的存在无疑有其现实合理性，也确实有效地引导了上海自贸区改革"试验"的开展，但其应对需求上的急迫性导致其系统结构本身也存在较多问题。在此背景下，有必要对之加以深入的检讨，并就自贸区建设立法保障机制的完善提出建议。

二是上海自贸区建设过程中的"地方立法试验"。如同上文所说，在全国性自贸区立法"缺位"的情况下，上海市人大、上海市政府必须进行"补位式"法治措施，通过地方立法将国务院"总体方案"提出的原则性要求加以"具体化"和"实质化"。在此过程中，上海自贸区的地方立法必须充分发挥"能动性"，依据上海自贸区建设的特殊要求建构具体规则，有效解决各种实践难题。自上海自贸区设立以来，上海市人大、上海市政府已经制定了大量的地方法规、政府规章，对于上海自贸区改革创新的推进给予了充分引导和有效规范。但是，上海自贸区在进行"地方立法试验"的过程中也面临较多难题，特别是体制限制和制度初创导致的问题，有待于通过完善相关制度加以解决。

三是上海自贸区行政改革如何深入贯彻"简政放权"的要求。上海自贸区是中共中央、国务院决定推行"简政放权"改革的试验田。自上海自贸区成立以来，上海市政府围绕自贸区管理的"简政放权"作出了许多改革尝试，实践已经证明，这些制度安排提高了自贸区行政监管的效率和水平。目前，在国务院的统筹安排下，上海自贸区内许多"简政放权"的改革措施已向全国加以推广，在很大程度上实现了可复制、可推广的试点方案预设。在肯定成绩的同时，也需要注意到上海自贸区推行"简政放权"改革过程中可能需要面临的一些具体问题，比如行政权力下放如何纳入法治化轨道、行政审批权和行政处罚权的相对集中行使制度如何加以完善，这些问题同样值得深入探究。

四是上海自贸区司法保障机制的完善问题。在自贸区设立之后，上海各级法院、仲裁机构等围绕自贸区内法律争议解决机制的优化作出了很多工作，针对自贸区内法律争议纠纷的特点确立了相应的制度规则，以确保相应争议纠纷能够得到高效公正的解决。就上海自贸区已有的司法实践情况来看，这些制度规则为实践纠纷的解决提供了裁判规则和程序依据，使当事人的意思自治得到了充分尊重，也为各项创新改革的推进提供了有效保障。但若从另外一个维度加以观察，目前上海自贸区的司法保障机制是否有效回应了上海自贸区的实践需要，司法保障机制如何建构更为合理有效，这些也都是值得审视与阐释的问题。

五是解决目前上海自贸区经验复制推广的"法治化"问题。在上海自贸区运行一段时间之后，自贸区成熟制度经验的复制推广便成为理论界和实务界共同关注的话题。国务院对于自贸区可复制改革经验的推广工作已经作出了一定安排，将自贸区部分成熟的经验制度在全国范围内加以推广。此外，全国各地也兴起了学习上海自贸区经验的热潮，上海自贸区已经成为深化改革的重要经验来源。其实，"可复制、可推广"本身也应是法治化的对象，诸如可复制、可推广的经验如何识别与提取，自贸区经验应作为典型示范的例子复制推广还是应转化为一般规则后复制推广，如何对可复制、可推广的经验进行效用评估以及如何使之规则化等，都需要有一整套法治方法与法治机制对其加以规定。但是，对于应推广哪些自贸区经验、如何推广自贸区经验等问题，理论界和实务界尚未从可复制、可推广法治化的方法论视角加以深入思考，实践中上海自贸区经验的复制推广本身的问题未能得到有效解决，某种程度上存在以旧的方式复制推广新的经验的不效率现象。在此背景下，对于上海自贸区经验复制推广的"法治化"问题亦应加以探究。

当然，在讨论这几个问题之前，有必要简要介绍下中国自贸区建设的时代环境、核心内容、实践挑战、法治回应等基本问题，这是讨论其他争议问题"走不出的背景"。

二 上海自贸区建设的时代背景、核心内容与法治挑战

（一）设立上海自贸区的时代背景

上海自贸区的推出有其特殊的历史使命。若想深刻理解上海自贸区的重要地位、改革功能和法治效应，首先必须了解建设上海自贸区的时代背景。

1. 全面深化改革的时代要求

中共十八届三中全会通过了《中共中央关于全面深化改革若干重大问题的决定》（以下简称《决定》），针对我国经济社会发展现状提出了"全面深化改革"的要求与布局，明确了"全面深化改革"的目的与思路，部署了"全面深化改革"的重点任务和实施路径。《决定》强调要把经济体制改革作为全面深化改革的重点，其核心问题是处理好政府和市场的关系，使市场在资源配置中起决定性作用和更好发挥政府作用。因此，既要大力培育市场、发展市场和优化市场，也要加快转变政府职能，深化行政体制改革，创新行政管理方式，增强政府的公信力和执行力。同时，随着全球经济竞争的日益加剧，《决定》强调我国在坚持世界贸易体制规则的基础上，必须扩大双边、多边、区域次区域开放合作，扩大同各国、各地区利益汇合点，构建开放型经济新体制。

在此时代背景下，中共中央、国务院决定设立上海自贸区，并在外商投资、服务贸易、金融制度、行政监管等方面推行全面改革措施。这一举措顺应了全面深化改革的时代要求，拓展了进一步对外开放的实践视野。①

---

① 对此更为深入的论述参见赵胜文、张富国：《论全面深化改革背景下上海自贸区的创新发展》，《经济问题》2015 年第 5 期；肖林：《自贸区战略体现中央全面深化改革的决心》，《二十一世纪经济报道》2015 年 5 月 28 日第 007 版。

2. 政府简政放权的应然体现

改革开放近 40 年来，我国的行政体制改革已经取得很大进步，政府角色已经发生很大的转变，从计划经济时代的无所不管已经转化为市场经济时代的有限干预。但是，由于历史传统和经验定式的影响，我国的政府管理制度与成熟市场经济体制的要求之间依然存在较大差距，强大的政府权限、烦琐的行政程序、宽泛的行政审批、强势的行政干预等因素，已经影响到了市场经济的发展活力。

在此背景下，国务院按照全面深化改革和全面推进依法治国相结合的改革逻辑，力推进一步"简政放权"的改革，减少行政审批、限缩政府权力已经成为重点改革方向。但是，由于地域广大、国情复杂，简政放权的全面改革有必要选择在局部区域先行试验，在经验成熟的情况下再推广到全国。上海自贸区的推出即是响应此种改革需求。在上海自贸区内，力推以弱化审批权限、强化市场监管为内容的行政体制变革，这既是政府简政放权改革的应然体现，[1] 更是我国改革能力提高、改革路径改善、改革质量优化的具体表现。

3. 全球经济竞争的迫切需要

进入 21 世纪之后，全球经济发展经历了很多变化，也面临很多新问题。在经济全球化趋势下，全球市场进一步融合，各国之间的贸易壁垒逐渐缩减。为了维持在全球市场中的竞争力，各国纷纷调整本国的贸易、投资等管理制度，使得商品、资金、人力等资源要素的流转更为便利，一些新的区域性贸易规则得以形成并发展。例如，美、欧、日三大经济体先后发起 TPP（跨太平洋战略伙伴协议）、TTIP（跨大西洋贸易与投资伙伴协议）、PSA（多边服务业协议）的多边贸易谈判，力图形成新一代高规格的

---

① 参见刘杰：《自贸区是简政放权的"试验田"》，《文汇报》2014 年 1 月 23 日第 005 版。

全球贸易和服务规则进而取代目前的 WTO 规则。^① 对此，我国必须采取系统性的应对措施，进一步加强社会主义市场经济体制改革就是最为根本性的应对措施。

近年来，我国的外商投资和对外投资也面临越来越多的新问题，既有的投资管理制度和对外投资制度已经不能适应新时代的需要。随着中国经济发展的转型和全球经济竞争的深化，中国需要在世界政治经济秩序格局中扮演越来越重要的地位，人民币的国际化、利率市场化等都是全球经济竞争背景下中国必然的战略选择。

上海自贸区的推出就是为了实现上述目的而采取的重要措施，从而使我国的经济发展能够更好地适应全球经济发展新形势，使对内对外开放相互促进、"引进来"和"走出去"更好的结合，促进国际国内要素有序自由流动、资源高效配置、市场深度融合，进而加快培育国际经济合作竞争新优势。^②

（二）上海自贸区建设的核心内容

与曾经出现或目前存在的其他国家自贸区建设有所不同，上海自贸区的改革视野更远、目的限阈更宽、体制作用力更大，不仅包括吸引外资与发展贸易等内容，同时也包括创新金融制度、转变政府职能、调整管理模式等内容。对于上海自贸区改革的主要任务和核心内容，"自贸区总体方案"已经作出了详尽安排。若想理解上海自贸区建设法治保障工作的独特性，有必要了解上海自贸区建设的核心制度内容。^③

1. 投资领域开放，消除外商投资审批的弊端

上海自贸区改革的首要重点便是投资领域的开放。上海自贸区率先以

---

① 蒋政音：《上海自贸区：全面深化改革的试验田》，《江南论坛》2014 年第 10 期，第 7 页。

② 参见郑永年、王璐瑶：《全球经济新规则下的自贸区试验》，《文化纵横》2013 年第 6 期，第 61-67 页；何伟文：《自贸区：全球经济格局重构的新赛场》，《中国投资》2015 年第 4 期，第 64-69 页。

③ 以下各个领域的具体制度措施参见《中国（上海）自由贸易试验区总体方案》的规定。

负面清单制为依据，对负面清单之外的外商投资不再实施核准制，从而给予外商投资机构准入前国民待遇；对负面清单之内的外商投资则实行核准制，同时进行国家安全审查。通过这种改革，推动投资领域的进一步开放，使得更多的外国投资者能够到中国投资，消除现行外商投资审批制度的弊端。[①]

自贸区内需要进一步扩大服务业开放范围，在金融服务、航运服务、商贸服务、专业服务、文化服务、社会服务等领域扩大开放，并暂停或取消投资者的资质要求、股比限制、经营范围等准入限制措施。

自贸区内境外投资管理方式也应得到改革。自贸区对境外投资一般项目实行备案制，以提高境外投资便利化程度。同时，支持自贸区内各类投资主体开展多种形式的境外投资。鼓励在自贸区设立专业从事境外股权投资的项目公司，支持有条件的投资者设立境外投资股权母基金。

2. 贸易转型升级，推动贸易发展方式的转变

上海自贸区应积极培育贸易新型业态，形成以技术、品牌、质量、服务为核心的外贸竞争新优势，加快提升我国在全球贸易价值链中的地位。

自贸区内鼓励跨国公司设立亚太地区总部，建立整合贸易、物流、结算等功能的营运中心。开展国际贸易结算中心试点，拓展专用账户的服务贸易跨境收付和融资功能。支持自贸区内企业发展离岸业务。鼓励自贸区内企业统筹开展国际国内贸易，实现内外贸一体化发展。

上海自贸区需要探索设立国际大宗商品交易和资源配置平台，开展能源产品、基本工业原料和大宗农产品的国际贸易。

自贸区内鼓励设立第三方检验鉴定机构，按照国际标准采信其检测结

---

① 更为深入的分析参见胡加祥：《国际投资准入前国民待遇法律问题探析——兼论上海自贸区负面清单》，《上海交通大学学报（哲学社会科学版）》2014年第1期；申海平：《上海自贸区负面清单的法律地位及其调整》，《东方法学》2014年第5期；李晨：《中国（上海）自贸区负面清单的法律性质及其制度完善》，《江西社会科学》2015年第1期。

果。试点开展境内外高技术、高附加值的维修业务。加快培育跨境电子商务服务功能，试点建立与之相适应的海关监管、检验检疫、退税、跨境支付、物流等支撑系统。

自贸区内需要提升国际航运服务能级。充分发挥外高桥港、洋山深水港、浦东空港国际枢纽港的联动作用，探索形成具有国际竞争力的航运发展制度和运作模式。积极发展航运金融、国际船舶运输、国际船舶管理、国际航运经纪等产业。

3. 金融制度创新，促进金融市场改革的深化

在风险可控前提下，上海自贸区在人民币资本项目可兑换、金融市场利率市场化、人民币跨境使用等方面，需要创造条件进行先行先试。

自贸区需探索面向国际的外汇管理改革试点，建立与自贸区相适应的外汇管理体制，全面实现贸易投资便利化。自贸区内鼓励企业充分利用境内外两种资源、两个市场，实现跨境融资自由化。自贸区还需深化外债管理方式改革，促进跨境融资便利化。

深化跨国公司总部外汇资金集中运营管理试点，促进跨国公司设立区域性或全球性资金管理中心。建立自贸区金融改革创新与上海国际金融中心建设的联动机制。

推动金融服务业对符合条件的民营资本和外资金融机构全面开放，支持在自贸区内设立外资银行和中外合资银行。允许金融市场在自贸区内建立面向国际的交易平台。逐步允许境外企业参与商品期货交易。鼓励金融市场产品创新。

4. 政府职能转变，加速政府管理模式的改革

上海自贸区的建设必须改革既有政府管理模式，积极探索建立与国际高标准投资和贸易规则相适应的行政管理体系，推进政府管理由注重事先审批转变到注重事中、事后监管。

上海自贸区要建立一口受理、综合审批和高效运作的服务模式，完善

信息网络平台，实现不同部门的协同管理。建立行业信息跟踪、监管和归集的综合性评估机制，加强对自贸区内企业在区外经营活动全过程的跟踪、管理和监督。

上海自贸区要建立统一的市场监管综合执法体系，在质量技术监督、食品药品监管、知识产权、工商、税务等管理领域，实现高效监管，积极鼓励社会力量参与市场监督。要进一步提高行政透明度，完善体现投资者参与、符合国际规则的信息公开机制。

（三）上海自贸区建设带来的法治挑战

如前所述，上海自贸区"试验"本身是一场深层次的体制机制改革，它触及经济社会发展的各个方面，要从根本意义上改进甚至重构市场和政府的关系。上海自贸区建设的时代背景和核心内容决定了这场改革必然具有自身的特色，也决定了这场改革必然会对既有法治体系造成各种形式的挑战。[①] 若想从根本上理解上海自贸区法治建设的难点问题，有必要从"改革和法治"的关系视角，辩证地解读上海自贸区建设带来的法治挑战。

1. 改革和法治的关系阐释：以上海自贸区为例

上海自贸区的设立是我国顺应全球经济发展新形势、全面推进深化改革开放的重要举措。但是，自贸区内负面清单制的推行、行政管理体制的改革、税收优惠制度的调整、金融领域的开放创新等改革措施，却对我国现行法治体系提出了一些新挑战。如果不能通过及时修订法律或者另立新法，这些改革措施就可能存在与现行法治体系不兼容的可能性。

在上海自贸区的改革实践中，全国人大和全国人大常委会并未针对自贸区改革制定专门的法律以确认相关改革措施的合法性，与这些改革措施

[①] 郑少华教授通过问题列举的方式分析了上海自贸区建设的法治挑战问题，值得参考。参见郑少华：《论中国（上海）自由贸易试验区的法治新议题》，《东方法学》2013 年第 6 期，第 129–137 页。

相关的法律、法规也没有得到及时修订。尽管国务院发布的"自贸区总体方案"对于上海自贸区改革工作作了全面安排，但其本身至多仅为行政法规层级的规范性文件，并不能全面而有效地解决各项创新改革措施的合法性问题。在此背景下，有学者就认为，自贸区内推行的企业设立登记、外商投资管理、境外投资监管、税收征管改革、管理机构设立等措施均存在"违法性"的问题。① 尽管这种观念有所偏狭，但也不无道理。

可能有人会认为，我国的自贸区建设目前处于"区域性试验"阶段，上述改革措施的合理性尚需通过实践加以检验，在此阶段不需要通过具体立法确认其合法性，哪怕这些改革措施和既有立法之间存在明显冲突。此外，国务院发布的"总体方案"已对这些改革措施加以肯定，即使未能经由立法或修法获得形式意义上的合法性，它们也具有实质意义上的合法性。这种观点与此前学界讨论过的"良性违法论"、"良性违宪论"颇为类似。②

实际上，这种认为自贸区改革可以"先行先试"而无须严格遵循法治要求的观念是错误的。首先，自贸区的改革措施多数涉及基本法律的调整，如果这些改革措施的合法性未能得到有效确认，就意味着在现行法制体系下存在"例外空间"。自贸区的改革措施会和既有法律法规发生冲突，这势必影响到法制体系的统一性和权威性。其次，如果自贸区改革不能按照法治要求开展，一来各项改革措施的推出可能不会严格遵循法定条件和法定程序，自贸区各项制度创新可能陷入无序混乱状态；二来自贸区改革的法治价值就会大打折扣，不利于自贸区改革经验中可复制、可推广性的形成与增长。再次，如果自贸区改革不能有效遵循法治要求，自贸区内的投资者、经营者、消费者等主体的合法权益可能难以得到有效保障，当发

① 参见杨登峰：《区域改革的法治之路——分析上海自贸区先行先试的法治路径》，《法治研究》2014 年第 12 期，第 43-44 页。
② 关于良性违宪论、良性违法论的基本观点，参照郝铁川：《良性违宪论》，《法学研究》1996 年第 4 期，第 89-91 页。

生相应争议纠纷时，他们就难以通过合理的法律救济机制保护自身权益。最后，尽管上海自贸区改革具有开拓创新性，但是并不意味着自贸区改革就缺乏预见性的指引。其实，上海自贸区改革中的诸多事项都是选择性方案，其方案的形成都是有借鉴、有预估、有试验的，完全可以将其赋予法律形式之后再予以实施。即使是完全创新的改革方案，也可以先进行法治化处理，然后再依法实施。如果自贸区建设可以无须严格遵循法治要求，那么上海自贸区改革就失去了一个最为重要的经验生长点，即依法引领、规范和保障自贸区改革的法治经验将无从形成与推广。

在此背景下，有必要围绕上海自贸区的"试验"深入讨论改革和法治的关系。上海自贸区作为一种正在创新发展的社会存在，其改革经验形成表现为两个层面：一是结构性经验，即上海自贸区各个方面改革在制度、体制和模式上的结果，经评估后认为能够完善社会主义市场经济体制，改进政府与市场的关系，促进经济社会和谐有序的发展，于是予以复制和推广。二是机制性经验，即上海自贸区改革的结构性经验是如何设计、形成、预估、试行、调整、优化、评估、定型和推广的，其中就包括如何运用法治引领、规范和保障自贸区改革有序进行和定型推广。两种经验都有巨大的实践价值，后者的经验价值与实践意义更为重大而深远。

改革必须纳入法治的轨道，受到法治的规范和引领，这是现代社会发展的基本要求，也是我国改革开放事业发展到当今时代所形成的对改革水平与改革质量的高度要求。改革的推进必须有明确的立法加以支持，改革措施的推出必须具有合法性基础，同时不能破坏法律体系的统一性和完整性。当然，任何改革都具有创新性，必然会对既有法制体系造成一定程度的冲突，立法机构在此情形下可以根据改革创新的实践需要进行"创造性"立法，通过多种形式协调好改革创新措施的合法性保障问题；同时，改革的推进必须有完善的司法加以支撑。改革推进的过程中难免会遇到各种实践难题，规范和引领自贸区的法律规则在应对这些问题时可能也会存在规范漏洞，在此情形下必须通过法官的能动司法妥当处理争议问题、发展续造法律规则，进而确保改革创新的稳步推进。

具体到上海自贸区改革而言，任何改革措施的推出都必须符合"法治"基本要求，不存在脱离或超越"法治"制度框架的改革形式。特别是对于那些可能会和既有法律发生冲突的改革措施，必须通过调整法律或制定新法的方式保证其合法性。由于上海自贸区改革本身是局部地域的试验，在完善国家层面自贸区立法的同时，可以通过立法授权的方式赋予上海市必要的立法权限，使得自贸区立法具有良好的"回应性"，能够全面调整上海自贸区改革过程中的各类实践问题。上海自贸区改革的顺利推进还离不开司法保障工作的支持，司法机构必须建构适应自贸区实践需要的争议解决机制，确保自贸区内的各类纠纷能够得到高效公正的解决，同时有效保护各类市场主体的合法权益。

需要明确的是，强调改革的合法有序性，并不是限制改革的主动性与效率性，而是对改革的能力和改革的效益提出更高的要求。在上海自贸区改革过程中，能否以法治引领、规范和保障改革，并充分有效地实现自贸区建设的改革效益，是上海市改革能力与改革质量有质的飞跃的具体展现与重大机遇。

值得注意的是，我国自贸区的改革试验具有明显的自身特征。这些特征对自贸区的法治建设提出了一些特殊要求，上海自贸区的法治保障工作也必须充分考虑这些特殊挑战并提出应对方案。在此背景下，有必要分析上海自贸区制度改革的特殊性，并探索完善以"法治"引领和规范自贸区改革试验的具体实现机制。① 这是改革和法治内在关系的必然逻辑延伸。

---

① 更为深入的理论论证参见陈甦：《构建法治规范和引领改革的新常态》，《法学研究》2014 年第 6 期，第 35–41 页。

2. 上海自贸区制度改革的特殊性

（1）区域性。目前，我国的自贸区建设还处于"试验"阶段，全国范围内大规模推进自贸区建设尚需经验积累。上海自贸区属于我国最早设立的自贸区，"区域性"特征较为明显。上海自贸区的区域性表现为两个方面：一是地理意义上的区域性，也即上海自贸区"试验"限定在一定的地理范围之内；二是经济意义上的区域性，自贸区的建设必须和上海特殊的经济地位相结合（如国际金融中心、国际航运中心、国际贸易中心的建设），并顺利对接"一带一路"、"长江经济带"等国家发展倡议和战略。上海自贸区的制度建设必须充分考虑其"区域性"特征，但是，这种考虑必须是系统性的和辩证性的。

因此值得注意的是，上海自贸区的区域性特征又是相对的。其一，上海自贸区并不与全国统一市场相隔绝，其与全国市场之间的经济流动、交易链接和经验互动始终发生着。因此，自贸区的建设改革总是与全国范围的统一市场及法治体系之间存在交互影响。交互影响的过程延续和程度加深，必然导致原有特征的淡化。其二，上海自贸区改革经验与效果不以自给自足为目标，而是以可复制、可推广为目标。国家推出上海自贸区的目的，即在于为我国扩大开放和深化改革探索新思路和新途径，上海自贸区的成熟制度经验将会在全国范围内加以推广复制。如果上海自贸区的制度经验得以推广，其原有特殊性亦将淡化。但其中的关键是，上海自贸区的特性究竟是因外在市场约束与制度惯性而淡化，还是因自贸区经验被复制被推广而淡化。这取决于上海自贸区改革经验的创新价值及其固化手段，包括通过法治机制固化自贸区创新经验的能力与效果。

（2）渐进性。上海自贸区建设本身具有"试验性"。按照国务院的整体部署，上海自贸区可以先进行两到三年的改革试验，在此基础之上初步建成投资贸易便利、货币兑换自由、监管高效便捷、法制环境规范的制度体系。可以看出，上海自贸区改革本身具有一定的"渐进性"，不是一朝一夕便可建构所有制度，而是根据实践需要逐步加以完善。目前上海自贸区制度建设已经取得显著成就，但是依然面临较多问题。自贸区的法律制度建构必须考虑这一"渐进性"特征。

但是，"渐进性"绝不是"慢慢来"的体面表述，而是基于客观认识进行科学统筹的实践表现。在"渐进性"的总体态势上，如何渐进仍能充分显现改革的能力并决定改革的效果，要根据自贸区建设的内外环境和发展需要，把握好自贸区改革的次序、节奏和力度，而对于这一能力的要求，只有通过法治手段与机制才能实现。

（3）全面性。上海自贸区的改革涉及外商投资准入、贸易方式转型、政府简政放权、税收制度调整、金融创新改革等几乎涉及自贸区内社会经济生活的各个方面。这不仅和其他国家以招商引资为目的而设立的自贸区有所不同，和我国此前设立的经济特区、保税区等也存在差异。① 在一定程度上可以说，上海自贸区是一块新型的综合改革试验田，旨在全面推进多层次、全方位的改革，消除既有的各种政策壁垒，主动适应全球经济竞争的新挑战。

任何满足全面性的手段都离不开法治机制。只有法治运行的特有机制，才能把上海自贸区建设与改革方案制定上的全面性，转化为实施上的全面性。

（4）深刻性。上海自贸区的各项改革措施不仅涉及面较广，而且力度较深，各项创新措施均构成对原有制度规范的调整或变更，并且由具体制度的调整或变更及于体制机制的调整与变更，因而具有深刻性的特征。上海自贸区内外商投资准入推行的"负面清单制"，完全改变了既有的外商投资审批管理制度；人民币资本项目可兑换、金融市场利率市场化、人民

---

① 详细的分析参见郭芳、王红茹：《从 4 个经济特区到 4 个自贸区》，《中国经济周刊》2014 年第 5 期。

币跨境使用等改革措施，则是对我国金融制度框架的重大突破；上海自贸区推行的简政放权改革，在全国范围内也是处于前列。

上海自贸区改革的深刻性特征，最终会在社会主义市场经济体制及其相关法律制度上表现出来。这一特征使上海自贸区内各项改革措施对既有法律制度、监管体系构成了深刻的冲击与突破。上海自贸区的法治保障工作必须从根本上积极回应这些问题，否则其改革的作用力就不能突破原有体制的钳制与反弹，以致会滞碍上海自贸区改革向纵深发展。

3. 上海自贸区法治保障的特殊性

上海自贸区的法治保障工作必须充分考虑上海自贸区改革的上述特殊性，充分运用社会主义法治体系的理念功能和特有机制，按照依法治国的理念要求扎实推进各项改革。在上海自贸区改革方面，确保"实现立法和改革决策相衔接，做到重大改革于法有据、立法主动适应改革和经济社会发展需要"①；确保创新改革措施科学制定、稳妥实施和及时评估，对其中"实践证明行之有效的，要及时上升为法律"，并和其他法律、法规保持协调一致，避免出现规范冲突、矛盾情形；确保上海自贸区的行政体制和监管制度既能够有效贯彻"简政放权"的要求，又符合行政法治的基本要求，既能有效实现行政监管目标，又能充分保障行政相对人权益；确保上海自贸区的司法体制能够积极回应自贸区建设的实践需要，但又不超越我国既有的司法制度框架，不减损深化改革所应有的法治价值。在此过程中，上海自贸区的法治保障工作必须处理好改革与法治的关系，既要切实遵循法治要求，又要充分进行制度创新。

但是，仅仅从抽象理念意义上把握改革与法治的关系，并不能自然而然地解决上海自贸区建设与改革中法治机制运行中所发生的问题或需求。在上海自贸区法治建设上，必须坚持理念与行动相一致、理论与实践相结

①《中共中央关于全面推进依法治国若干重大问题的决定》。

合，在具体法治实践上持续而具体地发现新问题，形成新思路、提出新方案。因此，对于上海自贸区的法治保障工作，必须给予全方位、全过程的重视。

首先，上海自贸区的法治保障体系必须具有现实回应性，能够根据上海自贸区建设的实践需要提供规则体系、调整制度构成、解决各类争议，进而为上海自贸区建构具有国际水准的法治环境。[①] 这种回应性：一是现实的，能够满足上海自贸区改革的实际法治需求；二是积极的，能够引领自贸区的改革方向与进程；三是及时的，能够对自贸区的法治需要作出及时反应。这是评价上海自贸区法治保障工作是否成功的一个基本标志。

其次，上海自贸区的法律规则体系必须符合体系性的要求。这种体系性存在内外两个维度的建构要求，对体系性的效果评价，也有内外两个视角。一是对内而言，自贸区相关规则的制定、制度的调整等，必须满足上海自贸区建设实践的内在要求，其内部不得存在相互冲突、相互矛盾的情形。二是对外而言，自贸区相关规则应当与国家整个法治体系相协调，不能因为自贸区建设与改革具有试点性而忽略其与国家整个法治体系的协调。自贸区法律规则的制定必须着眼于整体视角，确保自贸区建设能够得到全面的指引和有效的规范。

再次，上海自贸区建设本身具有试验性和渐进性，它的法治保障体系相应也应具有阶段性和过程性特征。因此，必须客观看待上海自贸区的规则、制度，理解其“阶段性和过程性”的特征，对于其体系漏洞、制度缺陷能够持同情理解态度。当然，这绝不意味着可以放宽上海自贸区法治建设的标准，而是要求以积极发展的态度对待上海自贸区法治建设的结果。对于上海自贸区的制度创新，不应当只看到有待成熟的一面，还应发现有

---

① 贺小勇：《中国（上海）自由贸易试验区法治建设的评估与展望》，《海关与经贸研究》2015年第 2 期，第 1 页。

生命力且必将成熟的一面。更为具体可行的是，对于这些规则和制度必须设置科学理性的定期评估更新机制，使其能够得到及时修正完善。

最后，上海自贸区的法治保障工作不能简单理解为自贸区法律规范体系的确立，因为法律规范是静态的、抽象的，上海自贸区的法治保障工作必须从动态化、具体化的视角对上海自贸区的法治保障工作加以诠释分析。一是必须从实质意义上而非仅仅从形式意义上理解上海自贸区法治保障工作，要对自贸区法治的实际结构和实践功能进行法治效果判断，而不能仅仅从上海自贸区相关制度规则文本上发掘其法治效果与价值。二是上海自贸区规则的形成演变过程及其蕴含的法治理念与方法，其法治价值意义要大于已经被文本固化的制度建构结果。因此，对上海自贸区的法治保障体系的建构及其效果进行判断时，必须同时兼顾法治建设的制度结果及其形成机制。

三 上海自贸区建设立法保障研究——国家立法层面的分析

（一）自贸区建设立法保障的"中国问题"

1. 自贸区立法保障的异域经验

上海自贸区建设的法治保障工作首先要关注自贸区立法问题。按照改革和法治关系的一般逻辑，自贸区改革的推进有赖于立法机构制定统一的自贸区基本法律。在立法机构制定"自贸区法"之后，自贸区本身的合法地位才能得到具有法律效力的确认，自贸区内的各项创新改革才能受益于法治机制而得到有序开展，自贸区内的各类法律争议才能在自贸区的制度环境中获得高效解决。

从比较法的视角加以观察，将自贸区法的制定作为开展自贸区建设的前提条件，是各国的惯常做法。例如，美国、巴拿马、巴西、韩国、印度、新加坡、马来西亚、土耳其、阿联酋等国家都制定了形式各异的"自贸区法"，以期为自贸区建设提供全面的制度框架和系统的法律规则。[1] 制定"自贸区法"既可以确认自贸区制度本身的合法性，又可以为自贸区建设提供充分的法治指引。因此，制定"自贸区法"是自贸区立法保障机制的核心内容，比较法视角下的经验研究也已充分证明了这一制度模式的合理性。

但是，这些国家"自贸区"的存在多以便利贸易、吸引投资为主要目的，其所发挥的经济作用属于传统意义上自贸区的功能范畴，因此，这些国家的自贸区法的主要内容与适用范围也限于自贸区的设立目的与功能范畴。值得注意的是，我国自贸区建设的时代背景、历史使命、根本任务、

---

① 对于这些国家自贸区法律制度的基本介绍，可以参见上海财经大学自由贸易研究院编：《全球自贸区发展研究及借鉴》，格致出版社、上海人民出版社 2015 年版。

制度内容等因素，和传统意义上的自由贸易区建设存在很多不同，相关法治建设的内容与意义也相应地超越其他国家自贸区法。

如同上文所述，我国自由贸易试验区的推出旨在回应全面深化改革的时代要求，贯彻政府"简政放权"的基本逻辑，建构政府与市场之间的合理关系，同时也是为了适应全球贸易竞争和经济发展变革的新形势。自由贸易试验区建设以投资领域开放、贸易转型升级、金融制度创新、政府职能转变为核心内容，涉及自贸区内经济社会发展各个方面的内容，所推出的许多具体改革措施构成了对既有制度规则的"创新"和"颠覆"。这些改革措施也具有一定程度的"试验"性质，在试验期过后是否需要固化或推广相应制度，尚需观察"试验"效果。可以说，我国的自贸区改革虽然限于特定的试验区域，但因其具体措施具有全面性、深刻性、试验性等特征，自贸区的制度建构和立法保障也必须基于这些要求展开，充分考虑和因应这些特征所带来的挑战。

2. 我国现有自贸区法律规则的生成机制

鉴于我国自贸区改革上述基本特征的存在，既有的自贸区规则建构并没有采纳其他国家通行的模式，而是根据实践需要形成了具有自身特色的制度模式。以上海自贸区的法治建设为例，作为立法机关的全国人民代表大会及其常委会并未针对上海自贸区建设制定专门法律，国务院发布的"自贸区总体方案"成为上海自贸区建设的"纲领性文件"，各个部委围绕自贸区建设过程中需要解决的重大问题提出了相应政策措施，上海市人大和上海市人民政府则根据"自贸区总体方案"的要求制定了地方法规、政府规章、规范文件等，进而解决了自贸区建设过程中所面临的具体法治问题。

通过上述各机构的努力，我国的自贸区法律制度框架得以初步确立，并逐步呈现体系化效应，上海自贸区内的各项改革创新得以有效推进。但是，这种法律规则建构模式也存在较多的问题，在上海自贸区建设过程中也面临较多的理论难题和制度挑战。从法治保障视角而言，有必要深入检讨自贸区既有法律规则生成机制的体制弊端及其完善方案。本部分主要围绕这一问题加以展开讨论。

（二）上海自贸区建设的立法保障：既有模式的总结

1. 基本介绍

如同上文所述，我国在推进上海自贸区的法治建设过程中，采取了与其他国家不同的法律规则建构机制。之所以采纳此种较为特殊的"建构机制"，除了我国自贸区建设的诸多特殊性之外，也和我国自贸区建设实践经验不够丰富、理论研究不够深入的现状存在关系。

在此现行制度框架之下，国务院发布的"总体方案"和《进一步深化中国（上海）自由贸易试验区改革开放方案》构成了上海自贸区建设两个最为重要的"纲领性"文件，上海市人大常委会发布的《中国（上海）自由贸易试验区条例》（以下简称"自贸区条例"）则将上述两个方案进一步"具体化"。全国人大常委会仅发布了《关于授权国务院在中国（上海）自由贸易试验区暂时调整有关法律规定的行政审批的决定》，解决了自贸区内外商投资企业设立审批法律适用的问题，对于其他事项则没有制定法律加以规定。各个部委也在各自职权范围内发布了支持促进上海自贸区建设的政策意见，提供了推动自贸区制度改革的措施，构成了对国务院总体方案的有效补充。

综上所述，我国自贸区法律规则的建构采取了"全国人大特别授权+国务院制定'总体方案'+国家部委制定配套规则+地方立法和地方规章"的基本模式。其中，国务院和上海市人大、上海市人民政府在一定程度上占据着"主导地位"，全国人大则没有充分发挥其作为立法机关的应有功能。但是自贸区法律规则并未充分采取法律、法规的形式，而是多以授权决定、总体方案、通知意见的形式呈现。

2. 全国人大常委会的授权

第十二届全国人民代表大会常务委员会在 2013 年 8 月 30 日，颁布了《关于授权国务院在中国（上海）自由贸易试验区暂时调整有关法律规定的行政审批的决定》。该决定"授权国务院在上海外高桥保税区、上海外高桥保税物流园区、洋山保税港区和上海浦东机场综合保税区基础上设立的中国（上海）自由贸易试验区内，对国家规定实施准入特别管理措施之外的外商投资，暂时调整《中华人民共和国外资企业法》、《中华人民共和国中外合资经营企业法》和《中华人民共和国中外合作经营企业法》规定的有关行政审批"，同时规定"上述行政审批的调整在三年内试行，对实践证明可行的，应当修改完善有关法律；对实践证明不宜调整的，恢复施行有关法律规定"。

对于该授权的法律性质，学界在该"授权"发布之后曾有较多讨论。[①]按照修订前《立法法》的相关规定，"暂停法律实施"难以纳入传统的四种立法类型（制定、修改、解释、废止），以此为内容的授权也难以依据传统的立法授权理论加以解释。实际上，常见的立法授权为积极的立法授权，也即立法机关授权其他机构制定法律法规。但是，全国人大的这一授权和以往的积极立法授权有所不同，暂停相关法律中特定条款在特定区域的实施，本质上属于消极立法授权。在此意义上而言，"暂停法律的实施"也属于立法制度上的创新。2015 年 3 月《立法法》修订时，也确认了这一制度的合法性。该法第十三条明确规定："全国人民代表大会及其常务委员会可以根据改革发展的需要，决定就行政管理等领域的特定事项授权在一定期限内在部分地方暂时调整或者暂时停止适用法律的部分规定。"

就其授权对象而言，该决定明确为"国务院"，而非上海市人大。换言

---

① 对于"暂停实施法律授权"法律性质的研究，参见周宇骏：《自贸区"暂停实施"决定授权性质研究》，《黑龙江省政法管理干部学院学报》2014 年第 5 期。

之，全国人大常委会并未授予上海市人大特别立法权力；就其授权内容而言，主要是暂停外商投资企业设立审批，对于自贸区内的其他改革措施则没有涉及；就其授权期限而言，该决定明确了行政审批调整的试行期限为三年；就其法律效力而言，该决定并没有废止三资企业法的相关规定，不能导致相应法律规范失去法律效力，只是暂停其在上海自贸区内的适用。对于这种暂停适用是否具有宪法和立法法上的依据，该决定并没有作出充分说明。[①]

3. 国务院发布总体方案

2013 年 9 月 18 日国务院发布了《关于印发中国（上海）自由贸易试验区总体方案的通知》，对于上海自贸区建设作出了较为全面的安排。该"自贸区总体方案"明确了自贸区的设立原因、指导思想、建设方式、主要任务、主要措施等内容。依据该"总体方案"，自由贸易试验区"肩负着我国在新时期加快政府职能转变、积极探索管理模式创新、促进贸易和投资便利化，为全面深化改革和扩大开放探索新途径、积累新经验的重要使命，是国家战略需要"。上海自由贸易区的主要任务在于加快政府职能转变、扩大投资领域开放、推进贸易方式转变、深化金融领域开放创新等，并且要求上海市政府创新监管服务模式、探索与自贸区相配套的税收政策。

2015 年 4 月 8 日国务院发布了《国务院关于印发进一步深化中国（上海）自由贸易试验区改革开放方案的通知》。该"深化自贸区改革开放方案"进一步扩展了上海自贸区的地域范围，鼓励上海市人民政府和有关部门继续大胆实践、积极探索，特别是就自贸区改革的主要措施作出了进一步"细化"，如完善负面清单管理模式、加强社会信用体系应用、加强信息共享和服务平台应用、推动信息公开制度创新、推动公平竞争制度创新、

---

① 对于这一授权决定持批评态度的观点，参见刘沛佩：《对自贸区法治创新的立法反思——以在自贸区内"暂时调整法律规定"为视角》，《浙江工商大学学报》2015 年第 2 期。

推动权益保护制度创新、深化科技创新体制、深化商事登记制度改革、推进货物状态分类监管试点等。

从既有的上海自贸区建设实践来看，"自贸区总体方案"和"深化自贸区改革开放方案"构成上海自贸区改革的"基本纲领"，是先行先试的法律界限，是相关立法的法意基础，是配套措施的直接依据，对于自贸区建设的推进具有纲领性意义。[①] 这些文件明确了自贸区改革的基本目的、根本任务、重要举措等要素，为自贸区试验工作的具体开展提供了充分指引。

4. 国家部委提供配套规则

在国务院发布"自贸区建设总体方案"之后，国家工商总局、财政部、中国人民银行、银监会、证监会、保监会、海关总署、外汇管理局、国家税务总局、司法部、工信部、文化部、质监局、林业局、交通运输部等，通过发布规范性文件等形式，对上海自贸区建设作出了更为详尽具体的实施安排。

举例而言，中国人民银行发布的《关于金融支持中国（上海）自由贸易试验区建设的意见》中，对于人民币跨境使用、人民币资本项目可兑换、利率市场化、外汇管理改革等事项作出了详尽的部署安排；银监会发布的《关于中国（上海）自由贸易试验区银行业监管有关问题的通知》，对于自贸区内银行等金融机构的设立、跨境投融资服务、离岸银行业务监管等制定了具体方案；证监会发布的《资本市场支持促进中国（上海）自由贸易试验区若干政策措施》，则对扩大中国期货市场对外开放程度、投资境外证券期货市场、境外公司在境内市场发行人民币债券、大宗商品和金融衍生品柜台交易等进行了部署；保监会发布的《支持中国（上海）自由贸易试验区建设》的文件中，明确了"支持设立外资专业保险健康机构"、"开展人

---

① 丁伟：《中国（上海）自由贸易试验区法制保障的探索与实践》，《法学》2013 年第 11 期，第 109 页。

民币跨境再保险业务"、"保险机构开展境外投资试点"、"支持保险公司创新保险产品"等举措。

从这些规范性文件的制定目的、基本内容和实施效果来看，这些规范性文件将国务院"自贸区总体方案"的要求进一步加以"具体化"和"实质化"，有效促进了自贸区建设的高效开展，为自贸区内相关改革的推进落实明确了具体方向。

5. 上海层面的地方立法

在上海自贸区批准设立之后，上海市人民政府在 2013 年 9 月 29 日就颁布了《中国（上海）自由贸易试验区管理办法》（以下简称"自贸区办法"），该办法对于自贸区的管理机构、投资管理、金融创新、纠纷解决等事项作出了初步安排。

经过较长时间的调查研究，2014 年 7 月 25 日上海市十四届人大常委会第十四次会议表决通过了《中国（上海）自由贸易试验区条例》。该"自贸区条例"作为全国范围内第一部自贸区地方性法规，对于自贸区的管理体制、投资开放、贸易便利、金融服务、税收管理、综合监管、法治环境等方面作出了详尽规定。这部条例也被视为上海自贸区建设的"基本法"。作为一部综合性立法，上海市人大将其定义为集"实施性法规、自主性法规、创制性法规"的性质于一身。[①]

除此之外，上海市人民政府还制定了《中国（上海）自由贸易试验区外商投资准入特别管理措施（负面清单）》、《境外投资项目备案管理办法》、《外商投资企业备案管理办法》、《境外投资开办企业备案管理办法》等规范性文件，进一步健全了上海自贸区的法律规则体系。

---

① 对此"条例"的详细介绍参见丁伟：《〈中国（上海）自由贸易试验区条例〉立法透析》，《政法论坛》2015 年第 1 期，第 132–142 页。

（三）自贸区法律规则建构：既有模式的析评

1. 既有模式结构的分别析评

（1）全国人大常委会授权决定的析评。全国人大常委会关于法律暂停实施的授权决定发布之后，理论界即对这一授权的正当性以及法律暂停实施的性质作出了深入讨论。有学者认为，全国人大常委会无权作出这一授权，因为宪法和立法法没有授予全国人大常委会这样的职权。[①] 更多学者则是从上海自贸区改革的特殊性出发，结合我国宪法和立法法的原则精神，肯定了这一授权决定的正当性和创新性。[②]

实际上，全国人大常委会的"授权决定"其价值本身值得肯定，它为上海自贸区部分改革措施的推行提供了合法性依据，具有宪法意义上的正当性。恰如上文所提到的，《立法法》在修订过程中已经明确规定了此种制度，其合法性已经毋庸置疑。但是，这种以授权决定暂停法律实施的方式确实属于立法制度创新，在其适用过程中会面临更多实践难题，需要更加全面深入的理论论证和制度分析。

如果仅就上海自贸区建设的具体推进而言，该"授权决定"还存在以下值得改进的问题：

首先，调整内容有待扩展。全国人大的授权仅仅处理了外商投资准入的审批管制问题，对于其他问题没有加以法律规定。实际上，自贸区改革涉及各个方面，除了外商投资准入，还包括政府管理体制改革、金融制度

---

① 参见范进学：《授权与解释：中国（上海）自由贸易试验区变法模式之分析》，《东方法学》2014 年第 2 期，第 128-130 页；傅蔚冈、蒋红珍：《上海自贸区设立与变法模式思考——以"暂停法律实施"的授权合法性为焦点》，《东方法学》2014 年第 1 期，第 98-104 页。

② 参见蔡金荣：《授权国务院暂时调整法律实施的法理问题——以设立中国（上海）自由贸易试验区为例》，《法学》2014 年第 12 期，第 61-67 页；徐亚文、刘洪彬：《中国（上海）自由贸易试验区与立法和行政法治——以全国人大常委会"调整法律实施"为切入点》，《江西社会科学》2014 年第 1 期，第 134-140 页。

创新等问题，这些方面涉及的措施更多，更需要得到有效的规范和充分的引导。就此而言，全国人大常委会的授权内容过于狭隘，有待于扩展内容范围。

其次，授权范围有待扩张。如上所述，这一授权的对象为国务院，对于上海市的立法机构却没有给予明确且充分的授权。但是，上海自贸区的建设恰恰需要上海市人大制定大量地方法规。由于地方性法规的内容将涉及很多基本法律的调整，在制定这些地方法规时必须得到充分的授权。与此相似，上海市政府推行的许多制度创新也需要得到明确的授权，才能保障改革措施的合法性。

最后，法律的暂停实施，是人类立法史的创举，对于这一制度也需要加以深入研究，特别是其理论基础和体系效应。以当下授权内容为例，三资企业法毕竟也是民事基本法律，对于这些法律的调整必须充分考虑其对整个民商事法律体系的影响。例如，自贸区外商投资审批的暂停实施是否会导致自贸区内外的外国投资者的"实质不平等待遇"，是否符合宪法平等原则的要求。

（2）国务院总体方案的析评。首先，国务院发布的两个方案属于规范性文件，法律效力层级相对较低。[①] 从有利于推动自贸区建设的视角出发，应当提高自贸区总体方案在当下中国法律体系中的地位，使其效力位阶能与自贸区建设的实践需要相适应。在全国人大没有制定特别法律的情形下，国务院应当依据全国人大或全国人大常委会的授权制定相应行政法规，进而对自贸区改革事项加以规定。就此而言，如果自贸区总体方案的制定采取"条例"形式，则可能更为适当。当然，可能也有人认为自贸区总体方案内容较为复杂，有些内容不适宜通过行政法规形式加以规定（比

[①] 在既有自贸区的研究文献中，很少有学者讨论"总体方案"的法律定位问题。少数的文献如前引丁伟：《中国（上海）自由贸易试验区法制保障的探索与实践》，《法学》2013 年第 11 期，第 109–110 页。

如一些尚需试验、不够成熟的制度，一些需要充分考虑地方特色的制度等）。这种观点自有其道理，但纵观自由贸易试验区总体方案的具体内容，其中大多数改革措施还是采取立法形式可能更为妥当。

其次，国务院发布的两个方案并没有明确立法权力来源，特别是对于方案中提到的一些重要改革措施，并未充分说明其合法性依据。根据宪法和立法法的要求，任何法律法规的制定都必须明确自身的立法依据。尽管两个方案都属于规范性文件，但是其中所规定的改革措施均属于本应制定法律加以规范的事项，国务院有必要说明其发布总体方案及相关重大改革措施的法律依据。

再次，国务院发布的两个方案没有协调好自贸区改革创新措施和既有法律之间的关系。"总体方案"中仅仅提及了暂时调整《中华人民共和国外资企业法》、《中华人民共和国中外合资经营企业法》、《中华人民共和国中外合作经营企业法》规定的有关行政审批，对于其他改革措施与既有法律之间的关系没有做更多的说明。例如，自贸区金融创新改革措施和商业银行法、证券法、保险法等法律之间的关系，自贸区行政改革措施和行政许可法、行政处罚法之间的关系，自贸区税收政策措施和税法之间的关系，等等。

最后，对于上海市的特别授权机制不够明确。总体方案要求明确国务院统筹和协调试验区推进工作，上海市需要根据"自贸区总体方案"明确的目标定位和先行先试任务，按照"成熟的先做，再逐步完善"的要求，形成可操作的具体方案，抓紧推进实施。但是，自贸区的改革毕竟涉及各项具体措施的依法推出，上海市需要根据总体方案的要求制定地方法规、制定政府规章、发布规范文件，对此总体方案并未提出明确的授权机制。而在没有明确授权机制的情况下，上海市就无法自行处理涉及国家事权范畴的事项。①

（3）各个部委政策的析评。首先，在各个部委对于自贸区建设发布的支持政策中，虽然提供了更多具体可行的操作措施，但是这些规范性文件多属于"应景而发"，并未采取更为规范的部门规章形式。从提升相关改革措施法律地位的角度而言，有必要按照规章制定程序要求拟定更为正式的部门规章。

其次，各部委政策缺乏体系性的考量。各个部委支持上海自贸区建设的政策意见不仅数量较多，而且内容较为散乱；特别是各部委政策之间相互关涉，但却缺乏简明的有机联系。对于一个非专业人士而言，如果想充分了解自贸区的具体政策，必须查阅大量的政策文件。同时，由于自贸区改革的试验性和渐进性，部分政府部门不得不多次制定相关文件，缺乏基于体系视角的系统安排。例如，对于自贸区内的金融开放创新改革，除了上文提及的中国人民银行制定的《关于金融支持中国（上海）自由贸易试验区建设的意见》之外，中国人民银行上海总部还发布了其他多项文件。② 从有效推进上海自贸区金融改革的考虑出发，中国人民银行等机构应当对相关改革措施做更为体系化的考量，并在此基础上制定相关部门规章。

最后，需要加强合法性的论证。因为各个部委拟定的支持政策多数在自贸区总体方案发布以后立即发布，所以这些支持政策的内容没有经过充分的学理论证，部分改革措施甚至没有明确的法律依据，因而存在"违法"的可能。例如，国家工商行政管理总局在 2013 年 9 月 25 日发布的

---

① 有学者认为，上海自贸区地方立法必须获得全国人大常委会、国务院的"双授权"。参见胥会云：《上海市人大常委会法工委主任丁伟：自贸区立法工作挑战最为严峻》，《第一财经日报》2013 年 11 月 1 日第 A04 版。

② 包括《关于上海市支付机构开展跨境人民币支付义务的实施意见》、《关于支持中国（上海）自由贸易试验区扩大人民币跨境使用的通知》、《关于做好中国（上海）自由贸易试验区反洗钱和反恐怖融资工作的通知》、《关于在中国（上海）自由贸易试验区放开小额外币存款利率的通知》、《中国（上海）自由贸易试验区分账核算业务实施细则》、《中国（上海）自由贸易试验区分账核算业务风险审慎管理细则的通知》等文件。

《关于支持中国（上海）自由贸易试验区建设的若干意见》中明确提及"试行注册资本认缴登记制"，但是并未说明推行这一措施的合法性依据。实际上，当时公司法尚未得到修订，国家工商行政管理总局制定这一规范性文件时，也未获得全国人大、全国人大常委会或国务院的特别授权。

（4）上海市地方立法的析评。单从"自贸区条例"的内容而言，这一条例无疑具有相当的进步性。在自贸区全国性立法缺位的情况下，上海市人大依据自贸区建设的预期目标和实际需要，进一步完善了自贸区各项制度，有效推动了自贸区试验的全方位深入开展。但是就作为条例规范对象的事权性质而言，这一条例规范的内容多为"国家事权范畴"或"中央事权范畴"，原则上国家立法机关应当制定法律加以调整。在缺乏明确立法授权的情况下，地方人大即对这些事项加以立法，在一定程度上似乎超越了宪法和立法法的基本制度框架。在当代中国立法史上，以地方法规改变基本法律的做法也是较为少见的现象。当然，地方立法内容是否超越了立法权限范围，应当结合"条例"的具体内容加以认定。在本报告的第三部分，将会对于这一问题加以深入探讨，此处不再充分展开。

2. 既有模式体系的整体析评

针对法律规则形成机制的模式结构，除了要分别检讨既有自贸区已有法源形式基本缺陷之外，还需要进行整体上检讨这种法律规则形成机制的建构逻辑。[1]

第一，上海自贸区改革立法没有切实贯彻实质法治理念。自贸区的推出本身是中国经济社会生活中的一件大事，其本身应当切实符合法治要求，立法机构应当通过制定完善法律规则，以确保自贸区改革有法可依。根据我国近40年改革开放和社会主义法治建设的经验积累，我国的改革能

---

[1] 有学者认为，当前上海自贸区立法存在以下几个问题：授权不足、程序错位、多头主体等。参见阎云峰：《上海自贸区地方立法的困境和出路》，第四届中国服务贸易年会报告集。

力与立法能力都有了巨大程度的提高，应对自贸区改革试验的法治安排，虽然绝非易事，但也绝非难事。在上海自贸区的建设过程中，全国人大常委会、国务院等虽然也充分意识到了依法推进自贸区建设的重要性，但从上文的检讨可以看出，自贸区的建设并未严格遵循"先立法后改革"的法治逻辑，而是按照"先改革后立法"的思路加以推进。这在一定程度上就违反了改革和法治的基本关系逻辑，不利于保障上海自贸区改革本身的合法性；实际上也浪费了我国经济社会治理中已经蕴含的法治资源与能量，不利于自贸区改革更有效率地展开。

第二，国家立法机关没有充分发挥应有作用。自贸区的改革多涉及"国家事权"，特别是许多改革措施已经涉及民事、行政、金融等基本法律的调整。在此背景下本应当由国家立法机关通过立法或修法的方式确立相应规则，协调好改革创新措施和既有法律之间的关系。全国人大和全国人大常委会作为全国性立法机关，本应当在此次自贸区改革中"积极作为"，通过制定新法和修订旧法引导和规范自贸区改革。例如，制定统一的自贸区法，明确自贸区的设立条件、制度构成、法律适用的问题。然而，实践情况却恰恰相反，全国人大并没有积极作为，没有针对自贸区改革进行积极立法，导致全国性自贸区立法的缺失。

第三，自贸区法律规则建构缺乏整体性观念。既有自贸区法律规则的建构主体较为多元，全国人大、国务院、各个部委、上海市在自贸区法律规则形成过程中均发挥着重要作用。这种各负其责、各尽其力的工作状态是好的，但是，由于自贸区改革的紧迫性，各个主体在制定自贸区法律规则时缺乏充分协商，未能基于整体视角考虑自贸区的立法问题。在此情况下，上海自贸区既有法律规则的体系性和科学性就有所欠缺。

第四，缺乏明确的地方立法授权机制。在既有的自贸区法律规则建构体制下，上海市人大和上海市政府对于自贸区制度的完善承担着重要职能。但是，无论是全国人大的授权决定，还是国务院发布的自贸区总体方案，均未对上海市人大和上海市政府的"地方立法试验"提供明确的立法授权机制。这就导致了上海市的地方立法缺乏明确的宪法基础，不利于法制统一性原则的贯彻。

第五，既有的自贸区法律规则较为原则化，缺乏可操作性。无论是国务院发布的总体方案，还是国家部委制定的政策文件，就其内容而言均是较为原则化，在具体贯彻实施的过程中，需要结合上海自贸区的实践需要制定更为具体的操作规则。从有利于推进自贸区改革创新的目的出发，立法机构在制定自贸区法律规则时需要尽量做到明确化和具体化，进而使得各项改革政策能够得到有效落实。

第六，目前自贸区法律规则多以规范性文件的形式呈现，这也不利于自贸区法治保障工作的开展。在全国性自贸区立法缺位的情况下，国务院和各个部委多是通过制定规范性文件的方式推进自贸区改革，这就导致规范性文件的种类繁多、内容庞杂，部分规范性文件还"越权"处理了本应由法律、法规规定的事项。在自贸区行政执法过程中，以各种规范性文件作为执法依据，特别是作为行政处罚依据，也面临权威性不足的问题。

（四）自贸区法律规则建构：既有模式的改造

1. 自贸区法律规则体系建构的逻辑

虽然同样是深化改革，就改革理念和改革方式的演变发展而言，上海自贸区改革已经与1978年以来的改革模式大不相同。上海自贸区的改革直接深入体制机制内部，强调顶层设计、法治保障，具有很强的系统变革力和优化的制度示范性。上海自贸区改革的非传统性必然要求法治保障机制与之相适应，体现出高灵敏度回应改革需求的法治能力。传统的立法思路与方法已经不能适应自贸区改革的需要，必须建构具有高灵敏度"回应性"特征的自贸区法律规范体系及其形成机制。

（1）确保自贸区法律规则体系及其形成机制的合宪性和合法性。自贸区的设立本身是我国顺应全球经济发展新形势、推进全面深化改革开放的重要举措。各地自贸区内负面清单制的实施、行政管理体制的改革、税收优惠制度的调整、金融制度创新的推行等，均是构成现行法律制度体系之下的重大改革措施。值得注意的是，任何改革必须符合"法治"要求，不存在脱离或超越"法治"制度框架的改革措施。首先，自贸区法律规则的形成机制不仅要讲究效率性，更要讲究合宪性，这样才能实现自贸区建设的改革价值与法治价值的高度统一。其次，自贸区内的各项重大改革措施也必须纳入"法治化"轨道，依法引领、规范和保障，实现改革机制与法治机制的高度协调统一。最后，由于自贸区改革措施多数涉及民事、商事、行政等基本法律，对于这些法律的任何"变通"，都必须通过修订旧法或另立新法加以实现，如此才能确保这些改革措施的"合法性"。改革和法治的内在关系逻辑首先要求自贸区的创新改革必须具有合法性基础，这也是自贸区法律规则建构的基本出发点。

（2）自贸区法律规则体系及其形成机制要合法性和创新性兼顾。在保证自贸区内创新改革措施的合法性之外，还必须充分考虑自贸区试验的特殊性，自贸区法律规则建构必须为上海自贸区建设提供充分的制度创新空间。当然，这要求立法者具有较高的立法技术，既能保障法律的稳定性与变革性的统一，又能实现改革的突破性与秩序性的统一。

在此背景下，自贸区法律规则建构可以充分采用原则性条款，在确认相关改革措施合法性的基础之上，对其具体实施预留弹性制度空间。此外，立法机构也可以充分运用"法律暂停实施"等创新立法技术，调整既有法律规则在自贸区内的适用。恰如前文所介绍的，在既有的改革措施中，法律法规暂停实施即是一种颇具价值的创新，它并未从根本上废止相关法律法规，只是使得这些法律法规在特定区域、特定时间暂停实施，但却为上海自贸区内相关改革措施的推行奠定了合法性基础。

（3）自贸区法律规则体系及其形成机制要整体性和局部性兼顾。自贸区的改革目前只是在全国特定地域进行"试验"，全国范围内推广自贸区制度尚需要观察已设自贸区的试验效果。只有在地方试验已经成功的基础之上，才能将上海自贸区等地方性自贸区的成熟体制和经验，通过制度化提炼进而推广到全国。在此背景下，自贸区的法律规则建构必须充分考虑整体性和局部性的关系，必须在改革与法治的辩证关系基础上，处理好自贸区法律规则形成机制的整体性与局部性的辩证关系。

就整体性而言，在国家层面，必须建构完善的自贸区一般性法律规则，使之能够适用于国内已有的和新设的自贸区，特别是对自贸区内普遍采用的改革措施应当提供体系相对完善的规则；在上海自贸区层面，相关法律规则及其形成机制的建构，既要考虑上海自贸区本身的整体性，也要与国家政策及其相关法律体系在整体上相协调，由此实现市场经济及其法治体系的统一与秩序价值。就局部性层面而言，必须给予设立自贸区的地方充分制度创新空间，使其能够根据地方实际情况制定富有地方特色的法律规则。只有两者兼顾，才能建构完善的自贸区法律规则体系。

（4）自贸区法律规则体系及其形成机制要静态性和动态性兼顾。自贸区法律规则建构机制不是静态的。在全国人大、国务院、上海市人大、上海市政府等制定相应的规则之后，并不意味着自贸区法律规则体系建构已经完成。这些法律规则并不是一成不变的，而是需要根据自贸区建设实践不断更新完善。因此，要从动态性的视角去理解自贸区法律规则建构机制。

对于既有的自贸区法律规则，必须建立完善的评估更新机制。立法机构应当定期对自贸区法律规则进行体系评估，在此基础上及时加以修订完善，使得自贸区法律规则体系能够得到动态发展。

2. 完善自贸区法律规则体系及其形成机制的建议

（1）制定统一的《自贸区法》。为了更好地规范和引导自贸区建设，全国人大或全国人大常委会有必要总结上海、广东、福建、天津四个区域自贸区建设的成功经验，并在此基础之上制定统一的《自贸区法》，以全面指导规范各地自贸区建设。①

《自贸区法》首先必须明确自贸区的设立条件，使得设立自贸区的申请标准得以确立。与此同时，《自贸区法》需要对自贸区设立的审查机制、申请程序等加以规定。例如，对于自贸区设立采取"审批制"还是"注册制"，应通过立法予以明确。

从有利于推进自贸区建设的目的出发，自贸区内改革措施的推出必须有法律规范的支撑，必须在现行法体系下获得正当性基础。因此，《自贸区法》对自贸区内的法律适用机制须作出合理安排，为相关改革措施的推行提供法律规范基础，既保障各项创新改革措施的合法性，也为各类实践争议的解决提供规范基础。

在统一的《自贸区法》框架下，有必要明确自贸区建设的具体管理机构，由其负责自贸区的批准设立、统筹管理等具体工作，同时加强对于全国自贸区建设的战略规划、宏观指导，使得各地自贸区建设能够有序推进。

（2）国务院及各部委具体规则的整合。如同前文所述，国务院关于上海自贸区建设的两个方案内容较为原则化，各个国家部委制定的配套规范文件数量较为繁多、内容较为复杂，这些问题的存在使得既有自贸区法律规则的可操作性在一定程度上受到了影响。

在此背景下，国务院有必要将既有的自贸区制度规则加以系统梳理，特别是将各个部委制定的配套政策措施进行体系化整合。对于已被实践经验证明为行之有效的规则进一步补充完善，必要时可以上升为行政法规层次；对于已被实践证明为不够成熟的制度，应当及时加以停止适用，尽量减少现行规则中的"僵尸条款"；对于实践中尚未解决的法治问题，则需

---

① 也有国内学者提出要制定《自贸区促进法》。参见周汉民：《推"自贸区促进法"，助改革再冲关》，《文汇报》2015 年 3 月 25 日第 005 版。

要在提取规则要素和科学预期的基础上，拟订有助于实现秩序价值的法律规则。

经过对既有法律规则的体系梳理之后，国务院可以在全国人大或全国人大常委会授权范围内，制定更为具体的国家层面的《自贸区条例》，将自贸区内已经运作成熟的制度法规化，解决目前既有自贸区规则过于分散化、碎片化的弊端问题。

（3）完善地方立法授权机制。我国自贸区的建设需要充分考虑地方特色和地方积极性，尤其是在改革试点阶段，多点试验总是能更多更快地形成用来归纳总结的经验。从鼓励制度创新、先行先试的目的出发，在完善自贸区基本立法的同时，国家立法机关可以将部分立法权限授权给上海市地方立法机构，鼓励其在上海自贸区建设过程中开展更多地方立法试验。

为了使这种特殊的立法授权机制能够得到良好运作，必须从制度层面对之加以完善。具体而言，全国人大或全国人大常委会必须明确上海市人大的授权立法权限和授权立法期间，使授权立法事项尽量明晰，同时完善对地方授权立法的监管机制。

（4）完善法律法规暂停实施制度。随着上海自贸区改革的不断推进，需要"暂停实施"的法律法规可能会越来越多，部分已经"暂停实施"的法律法规也可能因实践需要重新恢复施行。因此，法律法规的"暂停实施"制度若想得到顺利推进，就必须合理界定法律法规"暂停实施"的法定条件和法定程序。在此基础上，上海自贸区的创新试验才能得到有序开展。

具体而言，"暂停实施"的法律、法规必须符合"自贸区总体方案"的原则精神和具体要求，与此无关的法律、法规不得暂停实施。法律、法规"暂停实施"的其他实质性要件（如是否获得充分授权、有无超过授权范围）也值得深入研究。同时，全国人大常委会、国务院、上海市人大常委会在"暂时实施"法律、行政规范、地方性法规之时也必须履行特定程序（如采取审批、备案或请示等方式）。此外，上海自贸区内部分法律、法规的"暂停实施"是否会导致法律体系冲突或法律规范漏洞，也是值得探讨的重要议题，必须通过完善相关制度消除这些弊端的存在。

（5）完善法律法规审查制度。在前文的阐述中，我们均是强调立法机构必须为上海自贸区建设积极进行"立法"，进而为各项改革创新建立合法性基础并提供具体的操作规则。

但是，无论是国家性自贸区立法，还是地方性自贸区立法，立法机关在行使相当立法权力时，不能完全不受任何约束。立法机构所立之有关自贸区的法律、法规和规章等，必须符合宪法和立法法要求，具有程序上的正当性和内容上的合理性。对于违反这些要求的自贸区立法，必须有合适的机构和合理的制度确认其为无效，并且及时终止其实施。

为了保证自贸区法律法规的效力与质量，确保其实施中改革效益和法治效益的高度统一，必须建立和完善自贸区法律法规的合宪性和合法性审查制度，使不同形式的自贸区法律规则都能受到合理审查，进而确保其合宪性和合法性。①

---

① 值得注意的是，我国当前的法规审查主要由全国人大常委会法规审查备案室完成，对于法律的合宪性审查则没有相应的审查机构和审查机制。但是，对于自贸区立法的审查范围应当不限于行政法规和地方法规，而应包括自贸区法律本身。这也恰是我国立法制度需要加以完善的地方。对于我国法规备案审查制度的批判性分析，参见王锴：《我国备案审查制度的若干缺陷及其完善——兼与法律的事先审查制相比较》，《政法论丛》2006年第 2 期，第 39-43 页；陈道英：《全国人大常委会法规备案审查制度研究》，《政治与法律》2012 年第 7 期，第 108-115 页；蔡定剑：《法规备案审查还不等同违宪审查》，《中国新闻周刊》2006 年第 1 期，第 84 页。

四 上海自贸区地方立法研究——地方立法如何最大限度地发挥能动性

（一）自贸区地方性立法为何重要

当下我国自贸区建设并非在全国范围内普遍开展，而是首先选择在特定区域开展"试验"。目前，国务院已经选择了上海、广东、天津、福建四个区域作为自贸区建设先行先试的试验田，并且针对每个区域分别发布了自贸区建设的总体方案，充分考虑了这些不同地域的特色。

鉴于我国自贸区建设的现状格局，自贸区法律规则的建构也必须相应具有自身的特点。恰如前文所述，在全国人大、全国人大常委会、国务院及各个部委等确立了自贸区的基本制度框架之后，设立自贸区的地方更需结合本地自贸区建设的实践需要确立具体制度规则。这样才能确保自贸区改革形成不同的"地方性经验"，从而能够更好地服务于地方经济社会发展需求。更为重要的是，为可复制、可推广自贸区建设经验提供了更多的选择资源。在此背景下，自贸区地方性立法对于自贸区建设的开展，就有至关重要的意义。

具体而言，自贸区地方性立法的功能主要体现在以下几个方面：一是具体化功能，可以通过地方性立法将国务院"总体方案"确立的整体制度体系转换为具体执行规则；二是补充性功能，地方性立法可以在地方事权范畴之内合理建构具体规则，弥补国家层面立法的不足；三是试验性功能，地方性立法可以在立法权限内采取先行先试立场，在"制度试验"成熟之后再提炼立法经验，并以此为基础形成国家层面普遍适用的法律规则。

在当下自贸区的建设过程中，由于广东、天津、福建三地的自贸区刚刚设立不久，这些地域的自贸区地方性立法工作刚刚启动，许多问题依然有待深入研究。作为自贸区改革建设"排头兵"的上海自贸区，在地方性立法方面则有着大胆的尝试探索，其经验值得其他自贸区学习借鉴。

值得注意的是，由于国家层面自贸区立法的缺乏，自贸区的诸多创新改革均缺乏严格的规范基础，在此基础上形成的地方性立法虽为自贸区建设提供了具体制度规则，但是也面临诸多问题。在自贸区改革"试验"已经开展了一段时间之后，有必要深入反思上海自贸区地方性立法的成就和不足。

（二）自贸区地方立法需要考虑的问题

1. 国家事权和地方事权的区分问题

自贸区内有关外商投资准入、金融创新改革、税收制度调整、监管体制调整等事项，原则上均属于中央事权范畴。[①] 根据宪法和立法法的要求，必须由享有国家立法权的立法机关通过制定法律加以调整。除了中央事权范围之内的事项，其他事项则可以依据实践需要制定地方性法规加以规范。

基于这一逻辑，全国人大或者全国人大常委会必须制定专门的法律，以协调自贸区改革和相关法律（如《三资企业法》、《公司法》、《税法》、《银行法》、《保险法》、《证券法》、《行政许可法》、《行政处罚法》等）之间的关系。地方性立法不能逾越权限去制定属于全国人大或全国人大常委会立法权限范畴的事项，自贸区地方性立法原则上只能处理属于地方性事权范畴之类的事项。

但是，恰如上一章所分析的那样，由于我国自贸区改革的紧迫性，全国人大和全国人大常委会并没有制定专门的自贸区法调整自贸区改革事项。至于全国人大常委会的"授权决定"，则仅仅解决了三资企业的设立

[①] 关于中央事权范畴和地方事权范畴以及相应立法权限的理论反思，参见封丽霞：《中央与地方立法权限的划分标准："重要程度"还是"影响范围"》，《法制与社会发展》2008年第 5 期。

审批问题。

在此情形下，自贸区地方性立法就有必要去调整原属于国家事权范畴的事项，如在投资开放、贸易便利、金融服务、税收管理等方面作出相应规定，否则，自贸区建设与改革不可能系统展开。如何有效引导规范自贸区改革但又不逾越立法权限，是自贸区地方性立法首先需要面对的问题。

2. 先行先试、不断探索

立法机构通常希望为自贸区改革提供完善的法律制度加以保障，只有在投资准入、企业设立、金融创新、税收征管、监管治理等方面提供了有效规则，自贸区内的各类主体才能获得稳定预期，自贸区吸引外资、便利贸易、金融创新等功能才能得到有效发挥。

由于上海自贸区建设具有"试验性"，自贸区内推行的各项制度改革也始终处于探索过程之中。在自贸区改革试验过程中，很多改革创新措施需要根据实践需要不断加以调整。可以预见，只有经过一段时间之后，自贸区的各项制度才能趋于成熟。但是，这恰恰对于自贸区立法提出了严峻的挑战。

在自贸区改革需要"先行先试、不断探索"的情况下，上海自贸区地方性立法必须处理好改革多变性和法律稳定性之间的关系。立法机构必须合理运用立法技术，使得自贸区法律规则体系具有一定程度的适应性。①

3. 没有先例可以参照

自贸区制度在世界范围内已经得到广泛应用，其他国家和地区也已经形成了完善的自贸区法律制度。特别值得注意的是，这些国家和地区大多在国家层面已经制定了自贸区法，对于自贸区内的基本事项已经形成了全

---

① 更为深入的论述参见张震：《破解自贸试验区立法的"达芬奇密码"》，《上海人大》2014年第 7 期，第 11-12 页。

面的规范体系。地方在申请设立自贸区时，只需要按照自贸区法的基本要求履行相应程序、建构相应制度。在自贸区法律制度已经非常成熟的情况下，地方很少需要制定自贸区地方性立法。

我国的自贸区建设与其他国家有所不同。目前，我国的自贸区制度依然处于试验摸索阶段，国家层面的自贸区法律制度依然没有得到完整建构。在地方先行先试的过程中，必须通过制定地方性法规引领自贸区改革，以此来弥补国家层面立法的不足。这是其他国家和地区自贸区建设可能未曾面临的情况。

在没有成熟先例可以参照的情况下，自贸区地方性立法机构就必须充分发挥主观能动性进行"创造性"立法，既需要吸纳异域自贸区法制的先进经验，又必须注意地方自贸区立法的体系限制；既需要贯彻国务院总体方案的整体要求，又必须考虑本土自贸区建设的实践需求。在一定程度上可以说，自贸区立法也需要"带着镣铐跳舞"，在当下立法制度体系下充分发挥能动性，如此才能建构符合上海自贸区建设实践需要的法律制度。

（三）自贸区地方立法需要贯彻的原则

1. 确保合宪性和合法性

自贸区地方立法首先要确保所立之法的"合宪性"和"合法性"。地方立法机构必须在宪法和立法法规定的立法权限内进行自贸区立法，同时必须遵循相应的立法程序规定。自贸区立法虽然任务较为艰巨、时间较为紧迫，但是不能因为这些原因而忽视上述应当遵循的基本规定，这是自贸区立法必须贯彻的基本要求。[1]

在自贸区立法领域，合法性的保障更是有待落实的具体议题。自贸区内很多改革措施都涉及对既有法律的变更调整，这些改革措施必须通过立

---

[1] 钱蓓：《"先行先试"如何符合"于法有据"》，《文汇报》2014 年 4 月 25 日第 005 版。

法确认其合法性。在全国性立法缺位的情况下，地方性立法要实现上述目的，必须获得充分的立法授权，并且通过具体的法律规范就自贸区内推行的改革措施作出妥当安排。合法性原则的遵循是保障地方自贸区立法质量的首要标准。

2. 确认基本成熟的制度

在自贸区试验的过程中，有些改革措施经过实践检验已经相对成熟，在理论基础方面已经没有太大争议，在制度构造方面已经臻于成熟。对于这些改革措施，自贸区地方立法必须积极将之加以确认，使得相关改革措施能够及时形成法律规则。例如，对于负面清单管理、企业准入单一窗口机制、自贸区信息共享服务平台等相对成熟的制度，可以保留基本制度框架并适度加以完善。

3. 为制度创新留足空间

自贸区的改革是一个动态的、持续的过程。在此过程中，各项改革措施可能需要根据实践需要不断作出调整。在此背景下，自贸区地方性立法不能"禁锢"自贸区的改革尝试，而是必须为自贸区内的制度创新留足空间。

为了实现这一目的，自贸区立法机构必须合理运用立法技术，在建构相关法律规范时尽量保持开放结构。例如，通过适当增加"开放式条款"或"兜底性条款"，使得将来可能的新的制度、新的措施能够不断纳入既有规范体系。[1]

4. 在事权范围内充分创新

自贸区地方立法机构在地方事权范围内可以充分实现创新，使得相关法律规则能够有效适应自贸区建设的实践需要，特别是根据上海自贸区的

---

[1] 阎锐、林圻：《上海：立法保障自贸试验区先行先试》，《中国人大》2015年第5期，第30页。

特征建构具有特色的制度体系。例如，按照"简政放权"的要求，充分进行行政管理体制的创新，使得上海自贸区的管理机构能够高效运作，行政监管趋于公开透明。按照"总体方案"的要求，积极推动上海自贸区内的金融改革，在利率市场化、汇率市场化、金融业对外开放、金融市场产品创新、离岸金融业务、人民币国际化等方面，在立法授权范围内进行充分制度创新。[①]

（四）自贸区地方立法现状分析

在上海市地方立法中，上海市人大常委会制定的"自贸区条例"是我国第一部关于自贸区建设的地方性法规，该条例作为上海自贸区的综合性立法，在地方性立法体系中占据着最为重要的位置。此外，上海市政府及相关部门也制定了较多的政府规章、规范文件，与"自贸区条例"一起组成了地方自贸区规则体系。

1. 中国（上海）自由贸易试验区条例

（1）性质。"自贸区条例"作为上海市政府颁布的"自贸区办法"的升级版，是调整规范上海自贸区各项事务的综合性立法。这一地方法规旨在深入贯彻国务院总体方案的基本要求，并针对上海自贸区改革提供了具体制度规则。在学者看来，这是一个集"实施性法规、自主性法规、创制性法规"于一体的综合性法规。在此意义上，"自贸区条例"可以视为上海自贸区改革的"基本法"文件，对于上海自贸区改革的具体推进具有至关重要的意义。[②]

（2）内容。第一，确立了自贸区的行政管理体制，贯彻了简政放权的要求；明确了中国（上海）自由贸易试验区管理委员会（以下简称"自贸

[①] 张炜：《上海建自贸区核心是制度创新》，《中国经济时报》2013 年 7 月 15 日第 007 版。
[②] 参见丁伟：《〈中国（上海）自由贸易试验区条例〉立法透析》，《政法论坛》2015 年第 1 期，第 132-142 页。

区管委会"）作为上海市人民政府派出机构的性质，确定了其"具体落实自贸试验区改革试点任务，统筹管理和协调自贸试验区有关行政事务"的职责；对于自贸区内行政审批权和行政处罚权的集中行使作出了安排；明确了海关、工商、税务、公安、质检等驻区机构的职责以及与管委会的工作协调机制。

第二，对于自贸区的投资开放作出了更为具体的安排，如在金融服务、航运服务、商贸服务、专业服务、文化服务、社会服务等领域扩大开放，实行外商投资准入前国民待遇加负面清单管理模式，建立企业准入单一窗口工作机制，采取先照后证的企业经营许可模式，实行注册资本认缴登记制，投资者可以开展多种形式的境外投资。

第三，确立了便利贸易的具体措施，按照"一线放开、二线安全高效管住、区内流转自由"的原则，建立与国际贸易等业务发展需求相适应的监管模式，开展海关监管制度创新，建立货物状态分类监管制度，开展出入境货物检验检疫监管制度创新，建立国际贸易单一窗口和综合管理服务平台，鼓励跨国公司在区内设立总部，建立整合贸易、物流、结算等功能的营运中心。

第四，对于自贸区内的金融服务改革作出妥当安排。"自贸区条例"强调在风险可控的前提下，稳步进行人民币资本项目可兑换、金融利率市场化、人民币跨境使用和外汇管理改革等方面的先行先试。建立有利于风险管理的自由贸易账户体系，实现分账核算管理，推行利率市场化体系建设，允许区内符合条件的金融机构发行大额可转让存单，放开外币存款利率上限，建立与自贸试验区需求相适应的外汇管理体制。

第五，综合监管提出新举措，特别是在国家安全审查、反垄断审查、企业信息监管、中介机构发展等作出了一些详尽的规定。例如，建立涉及外资的国家安全审查工作机制，建立区内反垄断工作机制，实现企业年度报告公示制度和企业经营异常名录制度；建立统一的监管信息共享平台；

建立社会参与机制，引导企业和相关组织表达利益诉求、参与试点政策评估和市场监督。

第六，营造良好法治环境。条例强调必须坚持运用法治思维、法治方式开展各项改革创新，确认了各类市场主体的平等地位和发展权利受到法律保护，对于环境保护工作和知识产权工作也加以了足够重视。"自贸区条例"特别强调了自贸区地方性法规、政府规章、规范性文件制定过程中的"公众参与机制"，对于自贸区内推行的集中行政复议权制度作出了详细说明。

2. 其他地方性法规、地方政府规章

（1）地方法规的停止实施。2013 年 9 月 26 日上海市第十四届人大常委会第八次会议先表决通过了《关于在中国（上海）自由贸易试验区暂时调整实施本市地方性法规有关规定的决定》（以下简称"决定"）。该"决定"依据《全国人民代表大会常务委员会关于授权国务院在中国（上海）自由贸易试验区暂时调整有关法律规定的行政审批的决定》的规定，对国家规定实施准入特别管理措施之外的外商投资，停止实施《上海市外商投资企业审批条例》。其他法律、法规在上海自贸区调整实施有关内容的，上海市有关地方性法规也作出相应调整实施。上海市其他既有地方性法规中的规定，凡与"自贸区总体方案"不一致的，也调整实施。可以看出，上海市人大不仅积极立法，而且也按照自贸区建设的实践需要停止实施了部分地方性法规，有效对接了国家层面的法律调整，保持了法制统一原则的贯彻。同时，这一决定的通过也有利于推进上海自贸区建设方面的先行先试。①

（2）外商投资准入。上海市人民政府在 2013 年率先发布了《中国（上海）自由贸易试验区外商投资准入特别管理措施（负面清单）》。该负面清

① 丁伟：《关于〈关于在中国（上海）自由贸易试验区暂时调整实施本市有关地方性法规规定的决定〉的说明》，《上海市人民代表大会常务委员会公报》2013 年 Z2 期，第 55 页。

单以外商投资法律法规、"自贸区总体方案"、《外商投资产业指导目录》等为依据，列明了自贸区内对外商投资项目和设立外商投资企业采取的与国民待遇不符的准入措施。对于负面清单之外的领域，外商投资项目由核准制改为备案制，将外商投资企业合同章程审批改为备案管理。

2014 年上海市人民政府根据实践需要，对"负面清单"措施进行了进一步的限缩，并颁布了修订后的《中国（上海）自由贸易试验区外商投资准入特别管理措施（负面清单)》。

对于这两份负面清单的法律性质和体系构成，也有学者作出了深入讨论。有观点认为，负面清单属于规章性其他规范性文件，不属于授权立法，不具有完全独立的法律地位，不能作为司法裁判的依据。[①] 也有观点认为，负面清单存在许多值得改进完善的地方，如增强外商投资政策协调性、改进行业分类方法、扩大服务业开放度、提供行政管理透明度等。[②]

（3）企业设立管理。为了便利自贸区内企业的设立，落实简政放权的改革要求，上海市人民政府、上海市工商行政管理总局相继颁发了《关于中国（上海）自由贸易试验区内企业登记管理的规定》、《关于在中国（上海）自由贸易试验区设立外商投资建设工程企业有关事项的通知》、《中国（上海）自由贸易试验区境外投资项目备案管理办法》、《中国（上海）自由贸易试验区外商投资企业备案管理办法》、《中国（上海）自由贸易试验区境外投资开办企业备案管理办法》、《中国（上海）自由贸易试验区中外合作经营性培训机构管理暂行办法》等规范文件，对于自贸区内各种类型的企业设立作出了更为具体的安排。

（4）市场开放。为了促进自贸区内文化市场开放，上海市人民政府印

---

① 申海平：《上海自贸区负面清单的法律地位及其调整》，《东方法学》2014 年第 5 期，第 132-142 页。

② 孙元欣等：《上海自由贸易试验区负面清单（2013 版）及其改进》，《外国经济与管理》2014 年 3 月，第 74-80 页。

发了《中国（上海）自由贸易试验区文化市场开放项目实施细则》，该文件允许外资企业从事游戏游艺设备的生产和销售，通过文化主管部门内容审查的游戏游艺设备可面向国内市场销售；取消外资演出经纪机构的股比限制，允许设立外商独资演出经纪机构，在上海市行政区域内提供服务；允许设立外商独资的娱乐场所，在自贸试验区内提供服务。

（5）金融创新。为了推进自贸区内金融创新改革，2014 年 9 月 16 日上海市人民政府印发了《关于进一步促进资本市场健康发展实施意见》，对于上海自贸区内资本市场的开放作出了进一步安排。

为了完善自贸区内对于银行、保险等金融机构的监管，上海市银监局和上海市证监局分别发布了《关于试行中国（上海）自由贸易试验区银行业监管相关制度安排的通知》和《中国（上海）自由贸易试验区保险机构和高级管理人员备案管理办法》。

为进一步加快推进中国（上海）自由贸易试验区面向国际的大宗商品现货市场建设，健全联合管理制度，规范交易活动，加强事中事后监管，保护交易各方合法权益，促进大宗商品现货市场健康发展，上海市商务委会同上海市金融办、自贸试验区管委会制定了《中国（上海）自由贸易试验区大宗商品现货市场交易管理规定》，对于大宗商品现货市场的设立、交易、监管作出了详细规定。

为规范信托登记行为，保护信托当事人合法权益，推动在上海自贸区内建立完善信托登记平台、探索信托受益权流转机制，上海市浦东新区人民政府 、自贸区管委会共同制定了《信托登记试行办法》，对于信托产品的登记作出了全面安排。

（6）法律争议。为及时、公正审理上海自贸区内的行政复议案件，规范自贸试验区内相对集中行政复议权的实施，根据"自贸区总体方案"、"自贸区条例"等规定，上海市人民政府制定了《中国（上海）自由贸易试验区相对集中行政复议权实施办法》，对于相对集中行政复议的适用范围、实施机构、办理程序等事项进行了系统规定。

3. 小结

就上海市已有的自贸区地方立法实践而言，上海市人大、上海市政府的努力使得上海自贸区的地方性法律规则体系得以进一步完善，上海自贸区内的各项创新改革措施获得了更为具体的规范性基础。

相对于国务院发布的"自贸区总体方案"而言，上海自贸区地方性立法的内容更为明确、制度更为完备、体系更为完整，在一定程度上已经将"总体方案"的原则性要求"具体化"和"实质化"。

特别值得注意的是，"自贸区条例"的制定充分总结了自贸区改革的实践经验，并且把"总体方案"、部委政策、地方法规、政府规章、规范文件的内容加以体系整合，实际上构造了上海自贸区建设的又一"基本法"，它与国务院发布的"自贸区总体方案"一起，成为引领上海自贸区改革最为重要的文件。[1]

（五）自贸区地方立法有待解决的问题

如同第二部分所分析的那样，在缺乏全国人大和全国人大常委会明确授权的情况下，上海市的自贸区地方立法首要面临的还是合法性问题。由于自贸区内的外贸、海关、税收、金融等事项均属于国家专属立法权事项，在没有国家立法明确授权的情况下地方立法原则上无权加以处理。尽管上海市人大制定的"条例"试图通过"政策引入"的方式来规避越权立法问题，但从实质内容来说，"条例"的内容还是在"表达国家事权"。[2] 从完善自贸区建设法治保障的视角出发，这始终是自贸区地方立法不得不面对的一个问题。

---

[1] 参见张震：《自贸区立法：十大亮点播种希望》，《上海人大》2014 年第 8 期，第 16—17 页。
[2] 丁伟：《自贸区"基本法"的难点和看点》，《上海证券报》2014 年 5 月 16 日第 A01 版。

同时，在后续的自贸区地方立法过程中，上海方面还需要妥当处理以下几个问题：

首先，自贸区地方立法必须协调好和"自贸区总体方案"的关系。国务院制定的"自贸区总体方案"和"深化自贸区改革开放方案"对于上海自贸区建设的主要任务、主要措施作出了原则性安排，自贸区立法必须通过制定具体规范贯彻落实这些要求。但是，国务院的"自贸区总体方案"毕竟属于规范性文件，而且内容多为指导性要求，并非严格的强制性规范。因此，自贸区地方性立法在贯彻国务院"自贸区总体方案"要求之外，可以依据自贸区改革实践需要作出更多改革尝试，只要这些改革创新措施能够贯彻总体方案的原则精神，并且符合宪法、立法法以及其他法律的要求。

其次，自贸区地方立法必须协调好和各个部委既有政策措施的关系。在上海自贸区成立以后，各个部委也发布了相应政策措施以便促进自贸区试验的开展工作。但是，由于准备时间较为紧迫，各个部委发布的政策措施就其内容而言，依然有待完善。由于自贸区地方性立法在一定程度上就是行使国家立法权限，不可避免地会触及各个部委的事权范围，因此自贸区立法机构必须妥当对待各个部委的政策措施，既不能造成自贸区地方立法和各个部委政策措施的冲突矛盾，也不能消极不作为造成相应调整领域的"规范真空"。

再次，自贸区地方立法必须顺应自贸区改革不断深化的需要。上海自贸区作为我国推进全面深化改革的"试验田"，在加快政府职能转变、扩大投资领域开放、推进贸易方式转变、深化金融开放创新、创新监管服务模式等方面，均有很大的制度空间。自贸区地方立法需要具有前瞻性，有效引导这些改革创新的推进。为了实现这一目的，自贸区地方立法机构必须合理运用立法技术，为自贸区后续改革措施的推出预留创新空间。

最后，自贸区地方立法的体系有待完善、制度有待整合。经过一段时间的努力，上海自贸区的地方立法制度已经较为成熟，相应的自贸区地方法规体系也基本完备。上海市人大常委会颁布的"自贸区条例"更是将各项法规、规章、文件的内容加以体系整合，体现了上海地方立法机构较高的地方立法水平。就目前自贸区地方性法律现状而言，既有的法规、规章也需要做进一步的整合，尽量消除规则过于分散、内容存在重复、制度不够全面等问题弊端，使得自贸区地方法规体系的体系性和科学性得到增强。

（六）自贸区地方立法完善的方案

1. 加强立法备案审查

在我国当下的自贸区立法体制之下，由于国家层面自贸区立法的不够完善，地方性立法因而承担着非常重要的职责。作为地方性立法，不仅需要对于中央事权事项作出规定，而且这些规定还可能会在全国范围加以推广。同时，自贸区地方性立法不仅应受国内既有法律体系的约束，而且要向国际成熟法律规则"看齐"。在此背景下，自贸区立法机构需要充分发挥"能动性"，才能实现上述目的。

但是，自贸区立法并非不受"约束"和"限制"。自贸区立法过程本身也需要符合宪法、立法法等对于立法权限、立法程序的规定，立法内容也不能和其他法律之间存在冲突矛盾。为了确保自贸区立法本身的"合法性"，需要加强立法的备案审查工作。

具体而言，上海自贸区的地方性立法必须提交给全国人大常委会法规备案审查室加以审查。后者必须按照宪法、立法法的规定，审查地方立法机构是否存在立法权限，立法内容是否存在违反宪法以及其他法律的情形。如果确实存在上述情形，全国人大常委会法规备案审查室应当提出审查意见，要求地方立法机构加以修改或调整。①

2. 建立联席立法机制

如同上文所述，自贸区立法在很多情形下处理的是中央事权范畴的事项，在此过程中，上海市人大、上海市政府必须同各个部委进行积极协商，以便确保各个部委制定的改革政策能在自贸区改革实践中得到落实。

为了提高自贸区立法的质量和效率，有必要建立上海市人大、上海市政府和国家部委的联席立法机制。在上海市人大、上海市政府制定相关地方性法规、规章时，相关国家部委也应参与到立法过程中，并将国家层面的政策考量积极贯彻到地方性立法当中。例如，上海市方面在确定上海自贸区进一步的金融改革措施时，就联合"一行三会"共同拟订方案，后来形成了上海自贸区金融改革的"新 51 条"。②

联席立法机制的确立可以极大提高自贸区地方性立法的效率，降低上海方面和各个部委之间的协调沟通成本，确保改革政策能够迅速转化为法律规则。在地方立法涉及多个部委部门时，这种联席立法机制能够确保各个部委进行充分协商，有效避免政策冲突情形的出现。从有利于自贸区规则形成的角度来看，这种立法机制能够促使地方性立法确立的制度尽快在全国范围内加以推广，有利于促进自贸区地方性立法的成果向全国性立法的转变。

3. 建立立法更新机制

如同上文所述，上海自贸区的地方性立法必须面对上海自贸区日新月异的变化。由于自贸区改革本身的"试验性"，外商投资准入、企业监管治理、金融改革创新等各个方面因素始终处于发展变化过程之中，在此情形

---

① 《中国（上海）自由贸易试验区条例》仅规定了规范性文件的异议审查机制。该条例第五十三条规定，公民、法人或其他组织对管委会制定的规范性文件有异议的，可以提请市人民政府进行审查。审查规则由市人民政府制定。

② 左永刚：《上海自贸区金融"新 51 条"囊括五大内容》，《证券日报》2015 年 3 月 18 日第 A02 版。

下的地方性立法难免存在体系漏洞、规整错误等弊端。因此，有必要建立自贸区立法更新机制，使得自贸区立法能够适应自贸区发展之需要。

在此机制下，上海市人大必须定期对自贸区地方性立法的适用情况进行评估，考察已有地方立法是否符合自贸区建设的实践需要，能否有效规制自贸区建设过程中的各种问题。如果地方立法未能达到上述目的，必须分析具体原因并且提出相应的完善对策，对之加以修订或者另行制定新法。

立法更新机制的确立可以使得上海自贸区地方立法体制保持开放性和动态性，进而能够及时回应自贸区建设的各种规则需求，确保自贸区试验工作得到有序开展。

4. 强化公众参与机制

上海自贸区地方性立法的完善离不开公众参与的支持。上海市人大、上海市政府在制定相关法规、规章、文件时不能"闭门造车"，原则上必须确保立法过程的公开性和透明性，对于自贸区内涉及公共利益实现的改革，有必要强化公众参与决策的机制。

在自贸区地方立法过程中，相关立法机构必须及时将草案加以公开，使得社会公众能够及时、全面了解相关内容，这是公众参与立法的前提条件。同时，立法机构必须确保公众能够多种渠道表达对于自贸区地方性立法草案的意见或建议，允许公众通过信函、传真、电子邮件等方式提出相应建议。在必要的情形下，立法机构还可以通过座谈会、听证会、论证会等多种形式获取公众意见。对于公众提出的修改建议或完善方案，立法机构必须认真对待，在必要的情形下需要加以回复，确认公共参与立法的制度实效能够得到充分发挥。①

---

① 对于上海自贸区地方性立法的公众参与制度，《中国（上海）自由贸易试验区条例》也有相应规定。该条例第五十二条规定：本市制定有关自贸试验区的地方性法规、政府规章、规范性文件，应当主动公开草案内容，征求社会公众、相关行业组织和企业等方面的意见；通过并公布后，应当会同社会各方意见的处理情况作出说明；在公布和实施之间，应当预留合理期限，作为实施准备期。

五 上海自贸区行政改革法治保障研究——"简政放权" 改革的法治构造

（一）"简政放权"：自贸区行政改革的基本要求

1. 简政放权的基本逻辑

当下我国的改革开放已经进入"深水区"，经济发展面临越来越多的挑战，社会治理也存在形式多样的问题。在此背景下，必须通过全面深化改革来解决当下的诸多难题。经济体制改革是全面深化改革的重点，在此过程中必须处理好政府和市场的关系，使得市场机制能够继续完善，确保市场在配置资源的过程中起到决定性作用。同时，还必须改善政府治理机制，消除可能影响经济发展的障碍因素，限缩政府权力、调整监管模式，把属于市场的权力交还给市场。

在此背景下，党的十八大提出"深化行政审批制度改革，继续简政放权，推动政府职能向创造良好发展环境、提供优质公共服务、维护社会公平正义转变"。十八届二中全会指出，转变政府职能是深化行政体制改革的核心。十八届三中全会进一步强调，"经济体制改革的核心问题是处理好政府和市场的关系，使市场在资源配置中起决定性作用和更好发挥政府作用"。这些文件的制定为"简政放权"改革的开展奠定了改革方向和政策基础。

为了贯彻十八大提出的"简政放权"的要求，近几年国务院始终将行政体制改革、转变政府职能作为政府工作的重心。在两年多的时间里，国务院及相关部门共取消或下放行政审批事项 537 项，其中投资核准事项中央层面减少 76%，境外投资项目核准除特殊情况外全部取消，工商登记实现"先证后照"，前置审批事项的 85% 改为后置审批。中央层面取消、停征、减免 420 项行政事业性收费和政府性基金，地方政府也在积极推进行政审批事项的取消和下放工作。[①]

在两年多的实践基础之上，国务院于 2015 年 5 月印发《2015 年推进简政放权放管结合转变政府职能工作方案》，对于简政放权工作作出了进一步的具体安排，特别是在深化行政审批改革、投资审批改革、职业资格改革、推进收费清理改革、商事制度变革、科教文卫改革、监管方式变革、强化改革保障等方面规定了更为详尽的措施。

通过"简政放权"改革，消除了既有行政管理机制对于市场运行管制过多的弊端，充分激发了市场活力和社会创造力，对于加快转变政府职能、创新政府管理方式、提高政府治理效能具有至关重要的意义。

2. 自贸区简政放权的基本逻辑

深化行政管理体制改革是上海自贸区建设的主要任务之一。"自贸区总体方案"明确规定，上海自贸区的建设必须"加快转变政府职能，改革创新政府管理方式，按照国际化、法治化的要求，积极探索建立与国际高标准投资和贸易规则体系相适应的行政管理体系，推进政府管理由注重事先审批转为注重事中、事后监管"。

为了贯彻中共中央、国务院推出的"简政放权"改革的要求，上海自贸区在改革创新过程中必须积极推动政府职能转变，厘清政府与市场的边界，充分发挥市场在资源配置中的决定性作用。通过推动"简政放权"改革，以政府权力的"减法"来换取市场活力的"加法"。[②]

事实上，也只有在简政放权的基础之上，自贸区内的其他各项改革才能得到顺利实施。就如同李克强总理所强调的，"简政放权的'轮子'要首

[①] 李克强：《简政放权、放管结合、优化服务、深化行政体制改革、切实转变政府职能——在全国推进简政放权放管结合职能转变工作电视电话会议上的讲话》，《人民日报》2015年 5 月 15 日第 002 版。

[②] 参见刘杰：《自贸区是简政放权的试验田》，《文汇报》2014 年 1 月 23 日第 005 版。

先转动，才能给企业清障搭台，缩短办事时间，铲除寻租空间，对外开放的大门才会越开越大"。①

在此背景下，上海自贸区围绕"简政放权"作出了一系列改革创新。上海市政府成立了上海自贸区管委会，同时将市级经济领域的行政审批事项下放给管委会。在"负面清单"的基础之上，上海市政府还为管委会拟定了"权力清单"和"责任清单"，以期进一步限缩自贸区管委会行政权力的干预空间。上海自贸区已经成为我国行政改革的重要"试验田"。②

值得注意的是，在推进自贸区"简政放权"改革的过程中，也必须按照依法治国和行政法治的要求规范和引领具体改革，加强自贸区行政改革的法治保障。③首先，必须通过立法确定上海自贸区管理机构行政权限的范围。即便是政府进行"自我限权"，也不能随意为之，而是必须通过立法合理界定行政机构的法定权限和法定职责，如此才能掌握"简政放权"的改革方向和法治路径。这是自贸区推行"简政放权"改革贯彻法治要求的基本前提。其次，上海自贸区"简政放权"的改革必须符合程序法治要求，发扬民主原则。对于行政权力的限缩或下放，都必须按照法定程序加以推进，具体实施方案必须经过专家的充分评估同时听取群众的广泛意见，如此才能保证"简政放权"改革的有序开展。最后，"简政放权"改革并不意味着政府不再需要履行监管职责，与之相反，政府必须积极转变职能、实现"放管结合"。在弱化审批监管、强化市场作用的同时，必须完善事中、事后监管制度，"充分体现标准先定、规则公平、合理预期、自负其责、事后追惩的法治方式"。④

---

① 转引自朱菲娜：《总理的自贸区考察线路图蕴含何深意》，《中国经济时报》2015 年 4 月 28 日第 002 版。
② 傅蔚冈：《上海自贸区亦是行政改革试验田》，《华夏时报》2013 年 9 月 30 日第 034 版。
③ 参见封丽霞：《以法制方式推进简政放权》，《学习时报》2014 年 6 月 23 日第 001 版。
④ 夏勇：《坚守法治原则，推进简政放权》，《求是》2014 年第 21 期。

（二）自贸区行政体制的改革

在简政放权的改革逻辑之下，上海自贸区必须具有高效的行政管理体制，专业的管理机构、先进的管理理念、完善的管理制度。在此方面，上海自贸区作出了大胆的尝试，成立了专门的管理机构，列举了权力清单，下放了审批权力，强化了事中事后监管理念，完善了事中事后监管制度。

1. 专门机构的成立

在上海自贸区设立之后，上海市人民政府在 2013 年 9 月 29 日发布的"自贸区办法"就规定，上海自贸区的管理机构为中国（上海）自由贸易试验区管理委员会（以下简称"管委会"），并且明确了管委会为上海市政府派出机构，负责具体落实自贸区改革任务。同日，"中国（上海）自由贸易试验区管委会"和"中国（上海）自由贸易试验区"同时挂牌，这也标志着上海自贸区正式启动运作。

2014 年 7 月 25 日通过的"自贸区条例"进一步明确了管委会的地位和职责。"自贸区条例"第八条规定：中国（上海）自由贸易试验区管理委员会作为上海市人民政府派出机构，负责具体落实上海自贸试验区改革试点任务，统筹管理和协调自贸试验区有关行政事务。

"自贸区条例"还对上海自贸区管委会的具体职责作出了如下界定：①负责推进落实自贸试验区各项改革试点任务，研究提出并组织实施自贸试验区发展规划和政策措施，制定自贸试验区有关行政管理制度。②负责自贸试验区内投资、贸易、金融服务、规划国土、建设、绿化市容、环境保护、劳动人事、食品药品监管、知识产权、文化、卫生、统计等方面的行政管理工作。③领导工商、质监、税务、公安等部门在自贸试验区内的行政管理工作；协调海关、检验检疫、海事、金融等部门在自贸试验区内的行政管理工作。④承担安全审查、反垄断审查相关工作。⑤负责自贸试验区内综合执法工作，组织开展自贸试验区内城市管理、文化等领域行政执法。⑥负责自贸试验区内综合服务工作，为自贸试验区内企业和相关机构提供指导、咨询和服务。⑦负责自贸试验区内信息化建设工作，组织建立自贸试验区监管信息共享机制和平台，及时发布公共信息。⑧统筹指导自贸试验区内产业布局和开发建设活动，协调推进自贸试验区内重大投资项目建设。⑨承担市政府赋予的其他职责。

2015 年 4 月 27 日，上海市自贸区的实施范围得以进一步扩展，其管理体制也相应作出调整：中国（上海）自由贸易试验区管委会与浦东新区人民政府合署办公。管委会实行"双主任"架构，由上海市副市长艾宝俊和浦东新区区委书记沈晓明共同担任，常务副主任由浦东新区区长孙继伟担任。除此之外，原由上海外高桥保税区管理委员会、洋山保税港区管理委员会、上海综合保税区管理委员会分别负责的有关行政事务，统一由管委会承担。与此同时，管委会也吸收了大量优秀人才，管理团队更趋专业化、年轻化，这有利于上海自贸区各项改革创新的具体推进。①

2. 审批权力的下放

审批权力的下放是此次国务院推行"简政放权"改革的重要内容。2013 年以来国务院下放了 100 多项行政审批权，同时采取了削减前置审批、推行网上核准、简化审批手续、强化公开透明等改革措施。

为了充分贯彻国务院的改革要求，依照"自贸区条例"的决定，上海市人民政府在自贸区建立综合审批、集中处罚的体制，由管委会集中行使上海市政府的行政审批权和行政处罚权。换言之，在自贸区管理上本来属于上海市人民政府层面的审批权力，均下放到上海自贸区管委会，并且采取相对集中行使的模式。

在此制度框架之下，上海市人民政府将市级经济领域的行政审批事项

---

① 参见曲潇：《上海自贸区管委会"进化论"》，《21 世纪经济报道》2014 年 6 月 17 日第 008 版。

原则上全部下放到自贸区管委会，其中第一批已下放 163 项，随后第二批还将下放 68 项。[①]

3. 三份清单的发布

为了充分贯彻"简政放权"的要求，上海市政府围绕自贸区管委会的权力范围作出了全面的研究部署。除了在 2013 年和 2014 年分别发布了外商投资准入"负面清单"之外，上海市政府还拟发布自贸区管委会的"权力清单"和"责任清单"。就其实际功能而言，"权力清单"明确了政府应该做什么，政府必须贯彻"法无授权不可为"的精神；"负面清单"明确了企业不该做什么，企业可以做到"法无禁止皆可为"；[②]"责任清单"明确政府应当怎么管，政府必须实现"法定责任必须为"。

2015 年 4 月 28 日，按照上海市委、市政府的要求，上海市浦东新区率先"晒出"行政权力、行政责任两张清单。其中，行政权力清单一共列出了政府部门 6460 项权力，覆盖发改委、经信委、商务委、教育局等多个区级部门；行政责任清单包括主要职责、事中事后监管、公共服务导航、行政协同责任、重点行业和重点领域监管措施五个板块，一共 1422 项责任。制定"两张清单"是浦东新区全面推进政府职能转变，将自贸区部分对外开放措施和事中事后监管措施辐射到整个浦东新区的尝试。尽管这两份清单尚未覆盖到上海自贸区扩区之后的五个区域管理局，但可以预见的是，自贸区整体层面的"权力清单"和"责任清单"将会尽快发布，以便更好地推进上海自贸区内的简政放权改革。[③]

4. 强化事中事后监管

在"简政放权"的改革逻辑之下，政府机关必须加快转变政府职能，

[①] 王志彦：《163 项市级权利率先下放自贸区》，《解放日报》2015 年 7 月 28 日第 001 版。
[②] 参见龚柏华：《"法无禁止即可为"的法理与上海自贸区"负面清单模式"》，《东方法学》2013 年第 6 期，第 137–141 页；王利明：《负面清单管理模式与私法自治》，《中国法学》2014 年第 5 期，第 26–40 页。
[③] 张晓鸣：《浦东率先晒出"两张清单"》，《文汇报》2015 年 4 月 29 日第 003 版。

事前审批事项应当尽量加以限缩，政府监管由注重事前审批转为注重事中事后监管。在上海自贸区的改革过程中，上海市政府根据上述要求，完善了自贸区内的事中事后监管制度框架，形成了六项具有特色的制度，加强了对市场主体"宽进"以后的过程监督和后续管理。

一是建立国家安全审查制度。在负面清单制的管理模式下，外商投资准入原则上不需加以审核，但对于属于国家安全审查范围的外商投资，要求投资者必须申请进行国家安全审查，以考察其是否对国防安全、经济稳定、社会秩序造成重大影响。在上海自贸区成立后的很长一段时间之内，我国并未确立与负面清单管理模式相适应的外商投资国家安全审查制度。2015 年 4 月 20 日国务院颁布了《自由贸易试验区外商投资国家安全审查试行办法》，对于外商投资国家安全审查的范围、内容、程序等作出了较为详尽的规定，在一定程度上弥补了规范漏洞。

二是建立反垄断审查制度。自贸区反垄断工作的重点是在自贸区内建立反垄断管理机制。2014 年上海市工商局、上海市发改委、上海市商委分别发布了《中国（上海）自由贸易试验区反垄断协议、滥用市场支配地位和行政垄断执法工作办法》《反价格垄断工作办法》《经营者集中反垄断审查工作办法》，这些文件明确了上海自贸区反垄断执法的适用范围、受理机构、执法流程等因素，有利于上海自贸区内反垄断执法具体工作的开展。当然，反垄断本身属于中央事权范畴，上海市相关部门所做的制度创新只是为了适应自贸区企业监管的实践需要，并不能构成反垄断法的例外适用。

三是健全社会信用体系。根据"自贸区条例"的要求，管委会、驻区机构和有关部门应当记录企业及其有关责任人员的信用信息，并且按照公共信用信息目录，向上海市公共信用信息服务平台自贸区试验区子平台归集。在市场准入、货物通关、政府采购、招投标等工作中，上述机构可以查询相对人的信用记录，并对信用良好的企业和个人实施便利措施，对失信企业和个人实施约束和惩戒。自贸区内社会信用体系的建设，有利于弥补政府事前监管的不足、有利于促进交易主体信用情况的公开透明、有利于推进政府部门的事中事后监管工作的开展。2014年4月30日上海市正式开通了公共信用信息服务平台，并率先与上海自贸试验区对接，发布记录企业与个人信用污点的报告，信用"负面清单"已成为自贸试验区管理模式创新的重要支撑。目前，自贸试验区子平台已完成归集查询、异议处理、数据目录管理等功能开发工作，同时在探索开展事前诚信承诺、事中评估分类、事后联动奖惩的信用管理模式。

四是建立企业年度报告公示和经营异常名录制度。上海自贸区率先将企业年检制改为年度报告公示制度。自贸区内的企业应当按照规定报送企业年度报告，并对年度报告信息的真实性、合法性负责。企业通过信用信息公示系统向工商部门报送年度报告，特定企业还必须提交会计师事务所出具的年度审计报告。工商行政管理部门对区内企业报送年度报告的情况开展监督检查，对未按照规定履行年度报告公示义务的企业，将其载入经营异常名录并向社会公示。

为了促进以上两项制度的具体实施，上海市工商行政管理总局分别制定了《中国（上海）自由贸易试验区企业年度报告公示办法（试行）》和《中国（上海）自由贸易试验区企业经营异常名录管理办法（试行）》，通过具体措施促使两项制度在实践中得到有效贯彻。

2014年11月上海市工商局公布了首份企业经营异常名录，内含1467家企业。这是上海自贸区在企业年度报告公示工作方面先行先试的新突破，为企业信息公示制度的"可复制、可推广"打下了基础。值得注意的是，企业经营异常名录是随时浮动变化的，企业可以根据相关办法补录公示信息，只要符合要求便可以从经营异常名录中移出。[1]

---

[1] 郭家轩：《上海自贸区首发企业"黑名单"》，《南方日报》2014年9月24日第A16版。

五是健全信息共享和综合执法制度。在信息共享方面，简政放权工作的重点是建设上海自贸区信息共享和服务平台。依据"自贸区条例"第四十一条的规定，上海自贸区需要建设统一的监管信息共享平台，促进监管信息的归集、交换和共享。管委会、驻区机构和有关部门应当及时主动提供信息，参与信息交换和共享。管委会、驻区机构和有关部门应当依托监管信息共享平台，整合监管资源，推动全程动态监管，提高联合监管和协同服务的效能。监管信息归集、交换、共享的办法，则由管委会组织驻区机构和有关部门制定。目前，上海自贸区监管信息共享平台已初步实现各管理部门监管信息的归集应用和共享，这有利于促进跨部门联合监管。在综合执法方面，上海自贸区的改革重点包括建立各部门联动执法、协调合作机制，包括相对集中行使执法权、建设网上执法办案系统、建设联勤联动指挥平台等工作。

六是建立社会力量参与市场监督制度。依据"自贸区条例"第四十三条的规定，上海自贸区应建立企业和相关组织代表等组成的社会参与机制，引导企业和相关组织等表达利益诉求、参与试点政策评估和市场监督。支持行业协会、商会等参与自贸区建设，推动行业协会、商会等制定行业管理标准和行业公约，加强行业自律。区内企业从事经营活动，应当遵守社会公德、商业道德，接受社会公众的监督。目前，上海自贸区《促进社会力量参与市场监督的若干意见》正在征求社会意见，相关制度也在进一步的建立或完善过程之中。

（三）自贸区具体监管领域的制度变革

1. 外商投资的负面清单制

上海自贸区在金融服务、航运服务、商贸服务、专业服务、文化服务、社会服务和一般制造业等领域扩大开放，暂停、取消或者放宽投资者资质要求、外资股比限制、经营范围限制等准入特别管理措施。

如同上文所述，对于上海自贸区内对外商投资实施的准入特别管理措施，由市人民政府分别在 2013 年和 2014 年发布了"负面清单"予以列明，有效地推进了负面清单制的实施。

自贸试验区实行外商投资准入前国民待遇加负面清单管理模式。负面清单之外的领域，按照内外资一致的管理原则，外商投资项目实行备案制（国务院规定对国内投资项目保留核准的除外）；外商投资企业设立和变更实行备案管理。负面清单之内的领域，外商投资项目则实行核准制（国务院规定对外商投资项目实行备案的除外）；外商投资企业设立和变更实行审批管理。[①]

2013 年 10 月 1 日上海市人民政府发布了《中国（上海）自由贸易试验区外商投资企业备案管理办法》和《中国（上海）自由贸易试验区外商投资项目备案管理办法》，对于外商投资企业备案和外商投资项目备案作出了具体安排。

2. 企业设立监管改革

为了充分贯彻简政放权的改革要求，上海市决定在自贸区内推进企业注册登记制度便利化改革，在公司法未修订之前即"试验"实行注册资本认缴登记制，同时规定了股东以认缴的出资额或认购的股份为限对企业债务承担责任。

为了便利企业设立，上海市工商行政管理部门组织建立了外商投资项目核准（备案）、企业设立和变更审批（备案）等行政事务的企业准入单一窗口工作机制，统一接收申请材料，统一送达有关文书。

上海自贸区内企业设立还采取了"先证后照"制度，区内企业取得营业执照之后，就可以从事一般生产经营活动，从事需要审批的生产经营活

[①] 对于负面清单的深入检讨，可参见商舒：《中国（上海）自由贸易试验区外资准入的负面清单》，《法学》2014 年第 1 期，第 28-35 页；李晶：《中国（上海）自贸区负面清单的法律性质及其制度完善》，《江西社会科学》2015 年第 1 期，第 154-159 页。

动，可以在取得营业执照之后向有关部门申请办理。

为了推动中国"走出去"参与国际竞争，"自贸区条例"规定"自贸试验区内投资者可以开展多种形式的境外投资"，对境外投资一般项目实行备案管理，对境外投资开办企业实行以备案制为主的管理，由管委会统一接受申请材料，并统一送达有关文书。

3. 贸易便利改革

上海自贸区内按照"一线放开、二线安全高效管住、区内流转自由"的原则，确立了与自贸区国际贸易业务发展需求相适应的监管模式，其中自贸区和境外之间的管理为"一线"管理，自贸区和境内区外的管理为"二线"管理。[①]

在海关监管方面，按照通关便利、安全高效的要求，上海自贸区开展了海关监管制度创新。首先，海关在自贸区建立货物状态分类监管制度，实行电子围网管理，推行通关无纸化制度。其次，境外进入区内的货物，可以凭进口舱单先行入区，分步办理进境申报手续。口岸出口货物实行先报关、后进港。再次，对区内和境内区外之间进出的货物，实行进出境备案清单比对、企业账册管理、电子信息联网等监管制度。最后，区内保税存储货物不设存储期限。简化区内货物流转流程，允许分送集报、自行运输。实现区内与其他海关特殊监管区域之间货物的高效便捷流转。

在检验检疫方面，上海自贸区也按照进境检疫、适当放宽进出口检验，方便进出、严密防范质量安全风险的原则开展制度创新。首先，检验检疫部门在自贸区运用信息化手段，建立出入境质量安全和疫病疫情风险管理机制，实施无纸化申报、签证、放行，实现风险信息的收集、分析、通报和运用，提供出入境货物检验检疫信息查询服务。其次，明确检验检

---

① 更为理论化的探讨参见王冠凤、郭羽诞：《上海自贸区贸易便利化和贸易自由化研究》，《现代经济问题探讨》2014 年第 2 期，第 28-32 页。

疫范围。境外进入区内的货物属于检疫范围的，应当接受入境检疫；除重点敏感货物外，其他货物免于检验。区内企业之间仓储物流货物，免于检验检疫。再次，区内货物出区依企业申请，实行预检验制度，一次集中检验，分批核销放行。进出自贸试验区的保税展示商品免于检验。最后，在自贸试验区建立有利于第三方检验鉴定机构发展和规范的管理制度，检验检疫部门按照国际通行规则，采信第三方检测结果。

此外，自贸试验区还建立了国际贸易单一窗口，形成区内跨部门的贸易、运输、加工、仓储等业务的综合管理服务平台，实现部门之间信息互换、监管互认、执法互助。企业可以通过单一窗口一次性递交各管理部门要求的标准化电子信息，处理结果通过单一窗口反馈。

4. 金融制度改革

在上海自贸区设立以来，已经围绕人民币资本项目可兑换、金融市场利率市场化、人民币跨境使用和外汇管理改革等方面，先后进行了"先行先试"的改革尝试。

在自由贸易账户方面，上海自贸区已经初步建立有利于风险管理的自由贸易账户体系，实现分账核算管理。区内居民可以按照规定开立居民自由贸易账户。非居民可以在区内银行开立非居民自由贸易账户，按照准入前国民待遇原则享受相关金融服务。上海地区金融机构可以通过设立分账核算单元，提供自由贸易账户相关金融服务。自由贸易账户之间以及自由贸易账户与境外账户、境内区外的非居民机构账户之间的资金，可以自由划转。自由贸易账户可以按照规定，办理跨境融资、担保等业务。居民自由贸易账户与境内区外的银行结算账户资金流动，视同跨境业务管理。同一非金融机构主体的居民自由贸易账户与其他银行结算账户之间，可以办理资金划转。

在利率市场化方面，利率市场化体系建设也得到顺利推进，自贸区内已在逐步完善自由贸易账户本外币资金利率市场化定价监测机制，并且尝试有条件放开区内外币存款利率上限。2014 年 3 月 1 日起，上海自贸区内放开小额外币存款利率上限，率先实现外币存款利率的完全市场化。①

在人民币跨境使用方面，自贸区经常项下以及直接投资项下人民币跨境使用机制得以完善。区内金融机构和企业可以从境外借入人民币资金。区内企业可以根据自身经营需要，开展跨境双向人民币资金池以及经常项下跨境人民币集中收付业务。上海地区银行业金融机构可以与符合条件的支付机构合作，提供跨境电子商务的人民币结算服务。

在外汇管理方面，已经初步建立与自贸区发展需求相适应的外汇管理体制。简化了经常项目单证审核、直接投资项下外汇登记手续。放宽了对外债权债务管理。改进了跨国公司总部外汇资金集中运营管理、外币资金池以及国际贸易结算中心外汇管理。完善了结售汇管理，便利开展大宗商品衍生品柜台交易。②

5. 税收管理改革

为了完善税收征管制度，自贸区内建立了便捷的税务服务体系，实施税务专业化集中审批，逐步取消了前置核查，推行先审批后核查、核查审批分离的工作方式。自贸区推行了网上办税，提供在线纳税咨询、涉税事项办理情况查询等服务，逐步实现跨区域税务通办。

税务部门还在自贸区开展了税收征管现代化试点，提高了税收效率，营造了有利于企业发展、公平竞争的税收环境。税务部门还运用了税收信息系统和自贸试验区监管信息共享平台进行税收风险监测，提高了税收管理水平。

---

① 杨丽花、赵缜言：《上海自贸区放开小额外币存款利率》，《证券时报》2014 年 2 月 27 日第 A02 版。
② 更为具体的介绍参见张新：《深化上海自贸区金融改革》，《中国金融》2015 年第 9 期，第 9–11 页。

（四）自贸区行政管理的优化

1. 关于派出机构、派出机关还是法定机构的争论

如同上文所述，依据"自贸区条例"和"自贸区办法"的规定，上海自贸区管委会为上海市人民政府的派出机构。但是，管委会的此种定位受到了学界的质疑。

通常来说，派出机构由政府职能部门设立，目的是为完成某项行政任务，职能权限相对较为狭隘，如派出所、工商所等派出机构只是为履行特定职责而设立。派出机构一般情况下不具有行政主体资格，不能以自己名义作出行政行为和承担法律责任。[①]但是，上海自贸区管委会的职责权限涉及工商、税务、环保、质检等多个方面，在自贸区管理实践中又必须实施行政审批、行政处罚等行政行为，因而其"派出机构"的定位不符合行政法基本法理。

在此背景下，应当按照《地方各级人民代表大会和各级人民政府组织法》的规定，将上海自贸区管委会作为上海市人民政府设立的派出机关，并且需要经过国务院的批准。派出机关的定位可以明确管委会的行政主体地位，便于其更好地履行管理职责，同时也能给予其更大的制度创新空间。

此外，为了更好地推行简政放权改革，增强管委会在管理上海自贸区事项时的自主性和独立性，也可以将管委会改造成为独立法定机构。与政府机关不同的是，法定机构可以更加灵活地运用公共资源、吸引各种专业人才，进而更好地提升管理效率和服务质量。由于我国目前欠缺完善的法定机构法律制度，如将管委会改造成为法定机构，也需要借鉴其他国家成

[①] 王建芹、寨利男：《派出机构法律地位及改革思路的若干思考》，《行政与法》2006 年第 1 期，第 62-64 页。

熟经验并经历更多的探索实验。[①]

2. 审批权力下放的法治化

在上海自贸区的建设过程中，上海市人民政府将行政审批权力下放给自贸区，国家多个部委也曾将部分审批权力下放给自贸区。但是，理论界和实务界对于审批权力下放本身却缺乏深入的研究。实际上，行政审批权力的下放也需要纳入法治化轨道。[②]

首先，行政审批权力下放必须符合宪法和相关法律的规定。当相关法律明确规定了行政审批权力的归属机构之后，如果要将这些审批权力下放给其他机构，必须修订相关法律的规定或者取得特别的授权。

其次，行政审批权力下放必须具有正当性。并非所有的行政审批权力均有必要加以下放，只有在有利于减轻相对人负担、提高行政审批效率的情况下，才有必要采取相应改革。换言之，不能为了"下放"而"下放"，对于特定行政审批权力的下放，必须先行充分进行论证。

最后，行政审批权力下放之后必须得到规范行使。当下政府简政放权改革的重点在于行政审批权力的下放，但对于下放之后如何规范行使，则没有全面的应对策略。在具体操作中，必须结合"简政放权"实践需求，完善下放之后行政审批权力的运作机制，既有效提高行政审批工作效率，又充分保护行政相对人的合法权益。

3. 行政权力集中行使的挑战

上海自贸区行政管理方面的一个重大创新，便是行政审批权和行政处罚权的相对集中行使。在上海自贸区范围内，原由上海市发展改革、商务、规划国土、建设管理、交通、绿化市容、环保、人力资源社会保障、知识

---

① 具体的经验研究如周勤、李家平：《什么是好的管制者？——对新加坡公用事业法定机构的实证分析》，《产业经济研究》，2007 年第 1 期。
② 参见陈炳才：《行政审批并非简单的权力下放》，《行政管理改革》2014 年第 12 期，第 45–47 页。

产权、新闻出版、民防、水务、卫生、科技等部门依法行使的有关行政审批和管理权，由上海自贸区管委会集中行使。这种制度无疑有助于减少行政机构之间相互推诿情形的出现，有利于提高行政执法效率、调控复杂社会事务。①但是，这种行政权力集中行使的制度也带来了一定的实践问题。

首先，行政权力集中行使本身的合法性也需要通过专门的法律加以确认，如此才能保障行政权力集中行使具有合法性。对于此点，"自贸区条例"第八条有较为明确的规定，但是"自贸区条例"本身仅是地方性法规，其法律效力位阶较低。如能由全国人大或者全国人大常委会通过修订相关法律或者指定专门立法对此作出规定，可能更有利于相关工作的开展。其次，行政权力集中行使的程序机制也应加以完善，以便更好地保护行政相对人的合法权益，特别是不能影响其应当享有的程序性权利。最后，应当依据行政权力集中行使的实践情况，不断完善行政相对人的法律救济机制，如建立高效公正的统一行政复议机制。

4. 国家安全审查制度的完善

在"负面清单管理"制度框架之下，外商投资准入从核准制变为备案制，外商投资者可以享受准入前国民待遇，这些措施的采纳是上海自贸区改革的关键内容。但是，这并不意味着必须放弃对于外商投资的国家安全审查制度。"自贸区总体方案"也提到，需要"完善国家安全审查制度，在试验区内试点开展设计外资的国家安全审查，建构起安全高效的开放型经济体系"。

值得注意的是，我国虽然已有国家安全审查制度，但是主要针对外国投资者并购境内企业时所涉及的国家安全问题，而且审查标准较为原则化、抽象化，也缺乏具体的实施细则和配套条例。

---

① 理论上的分析参见王敬波：《相对集中行政处罚权改革研究》，《中国法学》2015年第4期；王丛虎：《论我国相对集中行政处罚权的合法性》，《中国人民大学学报》2006年第3期。

随着上海自贸区内外商投资准入负面清单管理制度的推行，我国针对外商投资的国家安全审查制度必须及时加以重构，使其能够适应负面清单管理背景下备案制的新形势。例如，可以适当扩大审查范围、提升审查层次、明确审查标准、优化审查程序、提高审查效率等。2015 年 4 月 8 日国务院办公厅发布的《自由贸易试验区外商投资国家安全审查试行办法》对于上述内容虽然有所规定，但是依然有待依据实践需要加以调整优化。国家安全审查制度的完善将有助于上海自贸区外商投资准入负面清单管理制度的优化，也将为我国建构与国际接轨的外商投资管理制度创造条件。①

5. 金融监管的一体化

2013 年 9 月上海自贸区成立以来，自贸区内的金融改革创新得到了快速的推进。人民银行、银监会、证监会、保监会、上海市政府等围绕金融改革创新颁布了一系列的政策文件，有效指导了自贸区内金融业的发展。在此背景下，各类金融机构踊跃进入自贸区，新型金融机构大量设立；自由贸易账户得以大量开立，跨境人民币结算额迅速增加，各类新型金融业务得以顺利进行，上海金交所国际板、上海国际能源交易中心、上海国际金融资产交易中心等金融创新平台得以设立。

但是，由于我国金融监管制度的特殊性，上海自贸区内的金融创新规则主要由一行三会制定，目前各项改革措施尚缺乏很好的协调性，具体实施细则尚待制定。上海自贸区在推行具体的创新改革措施时，也需要和各个监管机构充分协调。这种特殊的管理体制也在一定程度上影响了上海自贸区金融改革的决策效率。

鉴于这些问题的存在，有必要借鉴其他国家和地区的经验，为上海自贸区以及其他地方自贸区的金融创新改革探索建立统一监管机制，设立专

---

① 举例来说，关于国家安全的审查标准就需要深入研究。参见甘培忠、王丹：《"国家安全"的审查标准研究——基于外国直接投资市场准入视角》，《法学杂志》2015 年第 5 期，第 36-46 页。

门机构负责全国范围内自贸区金融市场的统一监管工作。通过全国人大或全国人大常委会的特别授权，使该机构享有自贸区金融领域"先行先试"的立法权，制定既适应实践需要，又具有国际竞争力的具体法律规则，进而有效引导自贸区金融改革创新的开展。①

6. 税收制度的完善

上海自贸区成立以来，已经推行了多项鼓励投资和贸易的专项税收政策。其中，五项贸易类税收政策（包括融资租赁税收政策、进口环节增值税、选择性征税、部分货物免税、启运港退税试点）和两项投资类税收政策（包括非货币性资产对外投资和股权激励税收政策）均得到了良好的实施。但是，上海自贸区内的税收管理制度依然有待完善。"深化自贸区改革开放方案"也提出要求，要"继续研究完善促进投资和贸易的税收政策，在符合税制改革方面和国际惯例，以及不导致利润转移和税基侵蚀前提下，调整完善对外投资所得抵免方式。研究完善适用于境外股权投资和离岸业务的税收制度。"值得注意的是，在未来自贸区税收制度改革过程中，必须严格遵守税收法定原则，对于税收制度的实质调整，必须通过修订税法或者制定自贸区特别立法的形式加以实现。

在税收征管体系建设方面，上海自贸区也应当推动税收征管模式的优化升级。例如，将目前代扣代缴为主的制度改造为以自行申报为主体、以税务代理为辅助、以税务稽查为保障的新型征管模式；加强纳税人的权利保护，通过立法明确确认纳税人诚实推定权等权利类型；进一步推动税收征管的信息化工作，完善纳税人识别号、信息共享平台等制度。②

---

① 林采宜：《上海自贸区金融改革的困境与突围》，《上海证券报》2014 年 12 月 26 日第 A01 版。
② 更为深入的论述参见刘剑文：《法治财税视野下的上海自贸区改革之展开》，《法学论坛》2014 年第 3 期，第 86—94 页。

六 上海自贸区建设司法保障研究——建设具有"回应性"特征的法律争议解决机制

上海自贸区设立以来，随着各类改革创新措施的推行，各类新型的争议纠纷也纷纷出现，法院处理外商投资、企业设立、国际贸易、金融创新、行政管理等类型的案例时，也将遇到更多法律适用难题，这就给自贸区的司法工作带来了一些新挑战。为了有效保障上海自贸区改革的顺利开展，同时高效公正处理自贸区内的法律争议纠纷，必须积极探索适应自贸区改革实践需要的司法保障机制。

在此背景下，最高人民法院、上海市高级人民法院、上海市中级人民法院、上海市浦东新区人民法院、上海国际经济贸易仲裁委员会等机构，非常重视上海自贸区法律争议解决机制的完善工作。[1] 这些机构对于上海自贸区内法律争议解决可能面临的新问题进行了深入的研究，并提出了一些有针对性的创新解决方案，比如优化审判机制、制定裁判指引、完善仲裁规则、强化调解功能、开放法律服务等，为建构具有"回应性"特征的自贸区法律争议解决机制奠定了基础。

值得注意的是，由于上海自贸区改革试验的特殊性，上海自贸区的司法保障工作也面临一些难点问题。例如，如何保障区内区外法律适用的统一性，如何解决裁判规则缺失问题，自贸区司法改革试验如何贯彻司法体制改革要求，改革在先修法之后情形下如何把握改革政策和法律适用的关系，等等。在既有的上海自贸区司法体制框架之下，这些问题尚未得到完

---

[1] 以最高人民法院为例，在上海自贸区设立之后，最高人民法院民四庭即对上海自贸区的司法保障问题展开了深入研究，并且形成了专门的调研报告。详细情况参见最高人民法院课题组：《中国（上海）自由贸易试验区司法保障问题研究》，《法律适用》2014 年第 9 期，第 30—40 页。

善的解决，有待于进一步的探索研究。

（一）上海自贸区建设带来的司法挑战

1. 裁判规则缺失亟须补正

由于上海自贸区内推行的各项改革措施具有全面性、深刻性等特点，而相关的法律、法规可能并未及时加以修改。当上海自贸区的企业围绕这些改革措施发生争议之时，法院可能难以找到合适的裁判规则处理相应纠纷。举例而言，上海自贸区率先推行企业年度报告制度，如果公司在提交的年度报告中存在虚假记载、误导陈述、重大遗漏等情况，交易相对人因为信赖这些信息而遭受损失的，是否可以请求法院判令损害赔偿？对于这一问题，我国既有法律、法规并未有明确规定。自贸区内推行的金融创新改革，也具有一定程度的前沿性，我国既有的金融法律法规也未加以规定，如果当事人围绕金融创新的交易结构安排存有争议，法院往往也难以找到判定法律效力的直接依据。①

2. 裁判机制需要优化

由于上海自贸区在投资领域开放、贸易方式转变、金融创新改革、政府职能转变等方面的改革需要"先行先试"推行创新改革试点，上海的法院系统也必须建构与之相适应的裁判机制，特别是在更新司法理念、健全审判组织、创新专业审判机制等方面作出系统性谋划。

上海各级法院有必要研究推行与自贸试验区相关的投资、贸易、金融及知识产权等案件的集中管辖机制并且适时调整受案范围，落实专业化审判机构的设置，提升当事人诉讼便利化水平，不断完善执行工作的快速反

---

① 当然，因自贸区改革创新而出现的新型问题还包括：国家条约的直接适用问题或转化适用问题，部分法律在自贸区内暂停实施印发的区内、区外法律适用冲突问题，企业在自贸区内外的民事行为能力问题，外国投资者能否将争议提交给 ICSID 裁决的问题，行政许可权和行政处罚权相对集中行使背景下具体行政机关的确定问题。参见张丽丽：《上海自贸区司法改革需求及改革创新思路》，《长春工程学院学报》2014 年第 4 期，第 29—32 页。

应联动机制，确保相关纠纷得到公正、专业、高效的解决。

同时上海各级法院要健全专业化审判机制，对涉自贸区案件实行专项管理，对于重点领域案件进行专项跟踪、定期评估、及时预警，通过建立完善案件信息报告分析、分级指导监督等制度，全力提升审判专业化水平，不断完善上海自贸区案件法律适用统一机制。①

3. 司法人员素质需要增强

由于上海自贸区的法律争议纠纷往往具有一定的专业性、技术性，为了更好地解决处理这些争议，必须进一步加强司法人员的职业素养。

上海市法院系统需要进一步强化法官队伍的职业化和专业化建设，大力选拔培养一批既精通国内外法律，又熟悉经济和投资贸易规则惯例，且具有国际化视野、丰富审判经验和较强审判能力的专家型、复合型法官，进而有效担当起自贸试验区的司法改革重任。

从事上海自贸区案件审判工作的法官应当不断优化知识结构，加强贸易、经济、金融、管理等知识领域的学习，增进对国际商事交易惯例和新型商事交易结构等相关知识的了解，将自己打造成为适应自贸试验区司法需求的审判人才。

4. 商事主体自治须充分尊重

由于上海自贸区法律争议所涉主体多数均为企业，而企业作为市场经济主体，在商法视野中表现为商事主体。商事主体具备较高的经营判断能力和法律运用能力，参与市场竞争的企业也特别重视商事主体之间自治的重要性。在法律以及适用法律的司法机制建构中，应当充分尊重和利用商事主体自治的愿望、能力与效果。在一定意义上，市场对资源配置起决定作用，恰恰是通过每一个商事主体的自主经营和自治管理实现的。

---

① 徐劲草、秦男：《积极探索实践、护航自贸试验——人民法院为自贸区建设提供司法保障座谈会述评》，《人民法院报》2015 年 4 月 22 日第 005 版。

因此，在不违反强制性法律、法规的情况下，商事主体之间创新交易结构安排的法律效力应当得到尊重。在法律缺乏明确规定的情形下，法官应当基于促进交易、保障安全的商事审判思维处理相关争议纠纷。如果他们已经选择了特定的争议解决方式，这种选择也应得到尊重。为了保障交易安全、提升交易效率，上海自贸区内的法律争议纠纷应在合理期限内尽快加以解决，相关的执行工作也必须高效完成。

自贸区建设与改革以充分发挥市场配置资源决定作用和提高商事主体自主与自治程度为价值取向，与此相适应的司法体制改革与完善，在价值取向及其方案选择和行为体现上，自应与自贸区建设与改革保持一致。因此，上海司法系统及其工作人员必须加深对市场经济规律的认识，在具体的案件裁判中重视市场机制在资源配置中的决定性作用，充分尊重市场主体的意思自治，积极认可商事交易惯例的效力，保障交易自由和交易安全，支持各类市场创新。[①]

（二）上海自贸区司法保障机制的完善

为了有效应对自贸区改革创新对于司法保障工作带来的挑战，上海市有关司法机关、仲裁机构、检察机关、行业协会等通过发布审判指引、制定仲裁规则、提供指导意见等形式，在一定程度上完善了上海自贸区的司法保障机制。

1. 司法机关的努力

（1）上海市一中院发布涉上海自贸试验区案件审判指引。2014 年 4 月 29 日，上海市第一中级人民法院发布了《上海市第一中级人民法院涉中国（上海）自由贸易试验区案件审判指引》（以下简称"自贸区审判指引"）。

---

① 包蕾：《涉自贸试验区民商事纠纷趋势预判及应对思考》，《法律适用》2014 年第 5 期，第 85—86 页。

该"自贸区审判指引"共分为七章节一百条，涵盖了涉自贸区案件的立案与送达、审理、执行、审判机制和审判延伸工作五部分。其中，对于合同、公司、金融、知识产权、劳动争议、房地产、行政和刑事八大类案件作出分节规定。"自贸区审判指引"的发布为上海自贸区内各类诉讼案件的受理、审理、裁判及执行等，提供了与自贸区建设与改革相适应的处理思路和具体规则。鉴于这一审判指引的重要性，下文将结合其内容展开分析。

（2）《关于适用〈中国（上海）自由贸易试验区仲裁规则〉仲裁案件司法审查和执行的若干意见》。2014 年 5 月 4 日上海市第二中级人民法院发布了《关于适用〈中国（上海）自由贸易试验区仲裁规则〉仲裁案件司法审查和执行的若干意见》（以下简称"仲裁规则若干意见"）。该"仲裁规则若干意见"共二十条，详细规定了法院对自贸区仲裁案件的司法审查和执行细则，包括申请仲裁保全的立案审查、保全措施的执行以及强制执行措施等内容。

根据 "仲裁规则若干意见"的规定，上海自贸区仲裁案件涉及的司法审查和执行，将有专门的立案窗口、专项合议庭、专项执行实施组和裁决组。仲裁前的保全和仲裁后的执行，是企业选择仲裁的最大顾虑，因为仲裁机构本身没有强制执行力。为了解决这些问题，"仲裁规则若干意见"规定当事人提出仲裁前或仲裁程序中保全申请的，应当立即受理。情况紧急、符合法律规定的保全条件的，应当在 24 小时内作出裁定并移交执行。

"仲裁规则若干意见"的颁布进一步推动了上海自贸区商事仲裁制度创新，通过对仲裁程序的有效司法监督，可以充分保障仲裁裁决的正当性，推动上海自贸区多元纠纷解决机制的完善。[①]

---

① 陈健：《上海二中院发布自贸区仲裁案件司法审查和执行若干意见：力促上海自贸区商事仲裁制度创新》，《上海金融报》2014 年 5 月 6 日第 A13 版。

2. 仲裁机构的努力

2014 年 4 月 8 日，上海国际经济贸易仲裁委员会发布了《中国（上海）自由贸易试验区仲裁规则》。该仲裁规则共 10 章 85 条，吸纳和完善了诸多国际商事仲裁的先进制度。例如，完善了"临时措施"并增设了"紧急仲裁庭"制度；突破了当事人选定仲裁员的"名册制"限制，确立了仲裁员开放名册制；细化了"案件合并"、"其他协议方加入仲裁程序"、"案外人加入仲裁程序"等制度；通过设立仲裁庭组成前的调解员调解程序，进一步完善了"仲裁与调解相结合"的制度；进一步强化了仲裁中的证据制度；纳入了"友好仲裁"制度，增设了"小额争议程序"，降低了相应的仲裁收费。该仲裁规则充分尊重了境内外当事人的意思自治，赋予了当事人充分的程序选择权和自主权，确保了境内外当事人能够享受更为公正、专业、便捷、高效的仲裁法律服务。[①]

2014 年 5 月 21 日，上海国际经济贸易仲裁委员会、中国航协法律委员会、国际航协法律部三方决定共同设立上海国际航空仲裁院。该仲裁院的成立有利于上海自贸区开展国际航运中心建设。

3. 检察机关的努力

2014 年 6 月 26 日，浦东新区检察院出台服务保障自由贸易区建设 18 条意见。该意见强调发挥检察优势，加强与区内监管和综合执法局的联系协作，加大在海关、检验检疫等监管部门的检察预防投入。同时，严肃查办公职人员借自贸试验区改革开放、制度创新之机，利用职务之便进行贪污受贿、权钱交易、滥用职权等职务犯罪。

2014 年 11 月 3 日，上海市检察院出台了《上海检察机关涉中国（上海）自由贸易试验区刑事法律适用指导意见》，该指导意见对涉自贸区刑

---

① 黄荣楠：《中国（上海）自由贸易试验区仲裁规则述评》，《上海对外经贸大学学报》2014 年第 6 期，第 27–39 页。

事案件办理的基本原则、刑事政策、法律适用标准、定罪方法，以及对虚报注册资本罪，出售、非法提供公民个人信息罪，骗取出口退税罪，渎职犯罪等十几个经济犯罪尤其是金融犯罪行为，提出了具体的办案指导意见。[①]

2015 年 5 月 28 日，浦东新区检察院发布了《关于加强完善保障措施，全力服务保障自贸区扩区新战略的工作意见》，对于提升自贸区检察能级、进一步加大金融检察力度、全力服务自贸区金融制度创新、优化知识产权检察工作机制、服务保障科技创新中心建设、助推政府职能转变、加强工作机制建设、加强自贸区检察人力资源建设八个方面的工作作出了部署，对检察机关服务保障扩区后的自贸区建设也作出了详细规定，并就重点服务金融创新和科技创新中心建设进行了安排。

4. 非诉机制的完善

2014 年 5 月 27 日，上海市浦东新区人民法院自贸试验区诉讼与非诉讼相衔接的商事纠纷解决机制正式启动，以期探索建立和完善上海自贸区诉讼与非诉相衔接的商事纠纷解决机制。在此机制之下，浦东法院在自贸区法庭内，设立了司法与非诉讼纠纷解决的对接平台，引入商事调解组织、行业协会、商会及其他具有调解职能的组织，建立纠纷特邀调解组织名册，对属于自贸区法庭受案范围的、适宜委托调解的涉自贸区商事纠纷，经当事人同意、选择后，在立案之前或者立案之后可以委托调解组织先行调解。

2014 年 11 月 27 日，浦东法院、上海市保险同业公会就保险纠纷非诉专业调解和快速审裁机制安排对接工作机制。双方协商在自贸试验区建立保险纠纷专业调解机制。上海市保险同业公会及其管理的上海市保险合同

---

① 施坚轩：《首部自贸区刑事法律适用指导意见发布》，《上海人大》2014 年第 11 期，第 45 页。

纠纷人民调解委员会加入浦东法院特邀调解组织名册，参与浦东法院自贸试验区诉讼与非诉讼相衔接的商事纠纷解决机制建设，在浦东法院自由贸易区法庭设立自贸试验区保险纠纷行业调解工作室，并选派专业调解员。

5. 法律服务

2014 年 12 月 9 日，上海市司法局公布了《中国（上海）自由贸易试验区中外律师事务所互派律师担任法律顾问的实施方法》（以下简称"律师互派办法"）和《中国（上海）自由贸易试验区中外律师事务所联营的实施办法》（以下简称"律所联营办法"），自贸区的法律服务业开放工作也正式启动。

"律师互派办法"和"律所联营办法"分别明确了担任中国、外国法律顾问的条件。相对于既有的法律服务开放格局，这两个办法的颁布将已经对我国港澳地区律师事务所实行多年的派驻法律顾问和联营的措施扩大到外国律师事务所，同时将港澳律师可以受聘为内地律师事务所法律顾问的"单派"扩大为中外律师事务所之间的"互派"。

（三）"上海市一中院自贸区案件审判指引"评析

上海市第一中级人民法院发布的"自贸区审判指引"，为上海自贸区内已经出现或可能出现的各类诉讼案件的受理、审理、裁判及执行等，提供了指引性思路和具体处理措施。其中，部分条款在一定程度上弥补了自贸区基本立法缺位的不足，使得法官在处理相关争议案例时有较为明确的裁判规则可以援引，充分体现了上海自贸区司法保障工作的能动性和适应性。鉴于上述原因，有必要介绍该"审判指引"的一些重要条款并进行简要评析。

1. 界定管辖案件范围

"自贸区审判指引"首先规定了上海市第一中级人民法院设立"自贸试验区案件专项合议庭"，并对该专项合议庭集中审理的案件范围作出了界定。具体而言，集中审理的案件包括以下几类："（一）涉自贸试验区的一审商事、金融案件；（二）涉自贸试验区的一审与房地产相关的民事案件；（三）不服浦东新区人民法院自贸试验区法庭一审裁判而提起上诉的二审案件；（四）其他由专项合议庭审理更为合适的涉自贸试验区案件。""自贸试验区案件专项合议庭"属于审判机制的重大创新，它的设立有利于保障相关争议能够得到专业法官审判，有利于确保办案质量。

2. 合同案件

对于合同案件，"自贸区审判指引"特别强调了平等保护原则的重要性，强调自贸区内企业订立的合同与自贸区外企业订立的合同在法律适用上一律平等；同时，法院应当审慎认定合同效力。如果仅违反管理性强制性规范的，不影响合同效力；对于自贸试验区内出现的新类型无名合同，强调应根据国际交易的惯例，结合当事人的约定，公平、合理地分配合同当事人的权利、义务和风险；对于当事人在合同中约定不明的事项，依照《中华人民共和国合同法》第六十一条、第六十二条规定仍不能确定的，当事人主张依照商业惯例或双方交易习惯履行的，"自贸区审判指引"认为法院应当支持。这些规定有助于强化当事人意思自治的保护和平等原则的贯彻，可以更好地促进商事交易高效的开展，同时也有效维护商事交易的安全。

3. 公司案件

上海自贸区内企业设立、公司资本等制度改革走在全国前列。为有利于相关纠纷解决，"自贸区审判指引"也对相关案件类型的处理作出了规定，如明确规定了公司年度报告披露的真实义务。如果自贸区内注册的公司在年度报告中进行虚假记载、误导性陈述或者存在重大遗漏、隐瞒公司真实情况等导致交易对方遭受损失的，公司及相关人员应当承担赔偿责任。

同时"自贸区审判指引"对于认缴制背景下股东的出资义务也作出了

规定。如果自贸区注册公司的股东未能按照公司章程规定的时间和数额缴纳出资的，公司可以要求其在合理的期限内补缴；股东未能在合理期限内履行的，公司或者其他股东可以提起诉讼要求瑕疵出资的股东承担补足出资的责任。公司债权人可以请求未完全履行出资义务的股东在瑕疵出资本息范围内承担补充赔偿责任。

为了充分保护公司债权人利益，"自贸区审判指引"对于自贸区注册公司的资产变动也加以了限制，要求其必须具有法律和财务上的合理性。如果公司恶意转移资产导致公司资产减损的、损害债权人利益的，债权人可行使合同法上的撤销权。有关人员存在侵权行为的，应追究相关人员的民事赔偿责任。

这些规则在一定程度上弥补了公司法改革之后的规则漏洞，使得自贸区内的公司争议案件能够得到更好的解决，这一领域司法经验的积累也有利于公司法上相关规则的完善。

4. 金融案件

由于上海自贸区的金融创新改革尚缺乏明确的法律支持，法院在处理相应纠纷时可能也面临较多难题。"自贸区审判指引"明确规定，法院在法律、法规之外，可以参照中国人民银行、中国银行业监督管理委员会、中国证券监督管理委员会、中国保险监督管理委员会等金融监管机构出台的涉及自贸试验区金融领域的相关规范性文件。

"自贸区审判指引"强调尊重金融创新。如果自贸试验区内的金融创新活动尚无相应的法律、法规对之进行明确规定，但是属于有关主管部门关于推进自贸试验区建设的相关规范性文件所准许事项范围的，法院应在维护金融秩序和保障金融市场安全的前提下，充分尊重当事人之间的约定。对境内外证券期货市场的双向投资、境外公司发行人民币债券、设立证券期货经营机构专业子公司、开展面向大宗商品和金融衍生品的柜台交易等证券业创新活动提供相应的司法保障。

但为了有效防范风险，"自贸区审判指引"也规定对与金融创新相关的交易行为所引发的纠纷，应加大对交易真实性的司法审查力度，进而有效防范人民币违法套利行为，规范金融市场秩序。

此外，"自贸区审判指引"还强化了金融机构的信息义务和投资者适当性评估义务。上海自贸区内金融机构与客户缔约过程中，应当就其所提供金融产品或金融服务的性质、特点、业绩、风险等主要信息向客户进行如实、全面的披露。违反该项义务造成客户损失的，应当承担相应的赔偿责任。上海自贸区内金融机构在与客户缔约过程中，应当基于其所提供金融产品或金融服务的风险程度，对客户的风险承受能力进行相应的评估。金融机构或其他法人向客户提供明显超出其风险承受能力的产品或服务的，应就客户所遭受的损失承担相应的赔偿责任。这些义务的"法定化"合理分配了金融机构与客户之间的权利、义务和风险，有利于金融自由与交易安全的有效配置。

5. 知识产权案件

"自贸区审判指引"强调应当妥善处理自贸试验区内因"贴牌加工"、"货物转运"、"平行进口"等贸易活动引发的商标侵权纠纷，既要根据商标权独立性、地域性原则等商标法基本原理，合理界定权利边界，防止权利滥用，也要充分考量政策导向和个案的特殊情况，防止利益失衡。

同时，"自贸区审判指引"建议法院应优化知识产权案件裁判方法，在必要的情形下，建立法院聘请技术专家辅助查明技术事实的途径和方法，不断完善技术事实查明的手段。探索通过庭前准备程序先行确定权利要求保护范围的裁判方法，提升专利纠纷的庭审质效和裁判水平。

（四）自贸区内的司法实践状况——以浦东法院审判白皮书为核心

2013 年 11 月 5 日，上海市浦东新区人民法院自由贸易区法庭成立，集中审理、专项审判与上海自贸试验区相关联的案件，旨在以优质高效的司法专业水平，平等保护中外当事人的合法权利，培育和维护上海自贸区国际化、市场化、法治化的营商环境。

上海市浦东新区人民法院自由贸易区法庭成立以来，已经处理了大量的争议案件。2014 年 12 月 22 日，上海市浦东新区人民法院发布了《2014 年涉中国（上海）自由贸易试验区审判工作白皮书》，对于自贸区法庭成立以来一年时间内上海自贸区内的司法实践情况进行了考察分析。

依据该"白皮书"披露的信息，从 2013 年 11 月到 2014 年 10 月，浦东新区法院共受理各类涉自贸试验区案件 954 件，包括民商事案件 687 件、刑事案件 21 件、执行案件 246 件。其中，投资贸易商事案件 348 件，金融商事案件 49 件，知识产权民事案件 37 件，房地产案件 53 件，劳动争议案件 150 件。[①]

在上述案件中，涉及上海自贸区的投资贸易商事纠纷 348 件，涉及物流运输、服装纺织、设备制造、化工食品、汽车制造等多个产业领域。与上一年度浦东法院受理的同类案件相比，货物贸易纠纷比重下降，服务贸易纠纷比重上升，仓储及运输环节引起的纠纷数量增多，新增了电子商务纠纷案件。其中，受理的电子商务平台纠纷案件均系以电子商务平台"1号店"为被告，其中既有针对其自营或非自营商品提起的买卖合同纠纷或网络购物合同纠纷，也有平台电商与平台内经营者之间的网络服务纠纷。

自贸区法庭共受理 49 件涉自贸区金融商事纠纷，案由以金融借款合同纠纷、保险人代位求偿权纠纷、财产保险合同、融资租赁合同纠纷为主。随着自贸试验区开放程度日益提升，新类型金融商事纠纷也不断涌现，涉金融创新产品的纠纷时有发生，如网络借贷平台引发的金融借款

---

① 关于《2014 年涉中国（上海）自由贸易试验区审判工作白皮书》的具体内容，参见上海自贸区法庭网站，http://www.ftzcourt.gov.cn：8080/zmqweb/gweb/content.jsp？pa=aaWQ9NjU4NzEmeGg9MQPdcssPdcssz。

合同纠纷等。

自贸区法庭受理涉自贸试验区知识产权民事纠纷 37 件，其中两类案例值得特别注意：一类是出口商品被诉侵犯商标权的案件；另一类是涉及电子商务平台的非自营商品经营者被诉侵犯他人知识产权的案件。

涉及自贸试验区成立后区内新设企业的案件有 47 件，审结 21 件，案件类型以投资贸易商事纠纷及知识产权民事纠纷为主，集中在知识产权、投资贸易、金融商事、公司设立、股权转让等方面。

从以上内容可以看出，目前上海自贸区内的纠纷案件多为传统类型，涉及自贸区金融创新、知识产权、电子商务、企业设立等方面的新型案例数量相对而言依然较少。但是，这并不意味着自贸区司法不会遇到实践难题。可以预见的是，随着上海自贸区改革的不断深入，与自贸区改革创新措施相关的争议纠纷会越来越多。处理涉上海自贸区争议纠纷的司法机构必须进一步加强理论研究、积累审判经验，以便更好地处理各类新型难题。

（五）自贸区司法保障机制的继续完善

需要肯定的是，上海市各级法院、仲裁机构通过多重努力，完善了上海自贸区内的法律争议解决机制。各级法院还通过发布审判指引、指导意见等方式明确了上海自贸区内一些疑难问题的法律适用规则，使得自贸区法律规则体系的规整漏洞得以有效填补。通过上海自贸区内各级法院的努力，上海自贸区内的各类法律争议得到了高效解决，商事主体自治得到有效保护，自贸区国际化、法治化的营商环境也得以有效确立。但是，从上文的分析也可以看出，上海自贸区的司法保障机制依然存在一些问题，需要进一步优化完善。

1. 完善自贸区立法

在本报告的研究者看来，自贸区司法机构在处理争议问题时最大的困难，还是在于自贸区法律规则体系的不够完善。如同上文所述，调整自贸区建设的全国性法律尚处于缺位状态，目前较为成熟的法律规则多由地方法规、规范文件提供。此外，法律暂停实施等创新制度也给司法裁判过程中的法律适用带来了挑战。对于法官而言，仅仅依靠这些地方法规、规范文件难以处理各类疑难问题。

司法机关制定的具有"地方性司法解释"的文件（如"自贸区审判意见"），可以一定程度上弥补立法体系上的空白点，但是仍然存有难以解决的困难。①地方性的法律弥补措施毕竟不能完全忽略"权限"上的限制，尽管在"自贸区审判意见"等当中的规定已经有了大胆的突破，但司法机关的职责权限及其素质养成，使其突破范围与程度还是有相当程度的约束。因此，立法上的欠缺终究还是得靠立法措施解决。②地方性的法律弥补措施面临着较大的知识性和经验性欠缺，很多制度措施并不周延，难以应付日渐复杂的纠纷解决局面。例如，"自贸区审判意见"对于自贸区注册公司的资产变动也加以了限制，要求其必须具有法律和财务上的合理性。但问题是，这种"法律和财务上的合理性"究竟是请求理由还是抗辩理由；其合理性判断的具体标准与方法是什么；在纠纷解决中应当由谁提出判断意见；法官可以就"法律上的合理性"作出判断，但是对于"财务上的合理性"是否有能力作出判断；如此等等，值得探究。③地方性的法律弥补措施在利益平衡上难以实现普遍公平。例如，如果自贸区内注册的公司在年度报告中进行虚假记载、误导性陈述或者存在重大遗漏、隐瞒公司真实情况等导致交易对方遭受损失的，公司及相关人员应当承担赔偿责任。自贸区公司的交易对象并不限于自贸区内的公司，还包括大量自贸区外的公司，但是这种义务能否及于自贸区外的公司却是个疑问。如果不能及于自贸区外的公司，就造成了自贸区内公司的信息披露义务重于自贸区外的公司，这显然不符合市场规则统一和市场主体待遇公平的原则。

因此，自贸区司法保障机制的完善有赖于自贸区法律规则体系的更新，特别是全国性立法机构应当尽量制定自贸区基本法律，使得自贸区内实践争议的解决真正有"法律"可依。

2. 强化法制统一观念

自贸区的司法保障工作虽然需要根据自贸区建设实践不断进行创新，但是与此同时也必须强化法制统一观念，确保法律统一适用。除了已经明确规定可以在自贸区内变通适用的法律、法规之外，其他法律、法规在自贸区内必须正常加以适用，不得进行任意变通或调整。例如，在处理涉自贸区案件时，必须严格按照先行《民事诉讼法》的规定确定管辖法院和管辖级别。如果需要调整自贸区案件的管辖制度，必须通过修订民事诉讼法的相关规定，否则就容易影响法制统一性。如前所述，自贸区规则的特殊化并不一定有利于自贸区的发展和自贸区企业的利益。因为任何规则都是平等适用的，法律上利益可能因交易角色转化和诉讼当事人角色转换而移转。所以，自贸区在改革方面固然要先行一步，但法律的整理和确认措施必须及时跟上，否则，上海自贸区改革的效益就会因法律滞后而消解。

3. 妥当处理改革政策

当然，在自贸区法律体系完善之前，法官虽然在处理争议纠纷时可能会出现缺乏裁判规范的问题，但是也不能拒绝进行审理案件。在此情况下，法官必须掌握上海自贸区各种"改革政策"的要求，并结合既有的法律、法规处理争议问题、作出司法裁判。在处理此类案件的过程中，法官必须灵活运用法律解释方法，将各类"改革政策"的理念精神融贯于法律规范的解释适用过程之中，使得政策的贯彻和法律的适用能够充分保持一致。[1]

4. 重视司法判例和商事习惯的功能

在目前自贸区全国性立法缺位的情况下，法官在裁判具体案件时可以

---

[1] 陈立斌：《法律与政策的统一正确实施是自贸区司法的首要理念》，《人民法院报》2014年5月28日第005版。

参考基本成熟的司法判例和反复实践的商事习惯，在一定程度上可以弥补裁判规则可能不足的弊端。

在自贸区的司法过程中，法官可以针对新型争议案件的特点与处理经验，不断归纳提炼典型司法判例。在后续的裁判过程中，可以将这些典型判例视为指导性判例或者参照性判例。自贸区商业活动中经过反复实践而又广为遵守的商业习惯，也可以作为法官裁判具体争议案件的参考依据。只要这些商事习惯不和法律、法规的强制性规定相冲突，法官可以根据这些商业习惯，处理合同效力问题、厘清权利义务关系、认定损害赔偿责任等。

5. 强化商业判断规则的适用

自从上海自贸区设立以来，随着企业设立制度改革的推行，越来越多的企业在自贸区内得以设立。特别是在外商投资准入实行备案制的情况下，外商独资企业、中外合资企业、中外合营企业的设立更为便捷。在此背景下，围绕这些企业内部治理方面的纠纷可能也会越来越多。在处理这些纠纷时，如果仅是涉及公司内部的治理问题（如董事、监事、高管是否违反法定职责），法官原则上必须按照商业判断规则的要求进行审查，如果相关主体已经尽到合理的注意义务，就不应当承担法律责任。商业判断规则的广泛适用可以充分保障企业经营者的自主决策权，有利于他们开展商业创新活动；商业判断规则的成熟应用也说明了法院具有较高的商事裁判水平，这也有利于疑难商事纠纷的解决，进而可以更好地促进外商投资进入和自贸区建设的发展。

6. 强化最高人民法院的指导职能

目前，上海自贸区的司法保障工作主要由上海市层面的法院加以推进。随着上海自贸区改革的不断深化以及其他自贸区的陆续推出，最高人民法院在自贸区的司法保障方面也应发挥越来越重要的作用。在自贸区全国性立法缺位的情况下，最高人民法院可以根据上海自贸区的司法实践情况，适时推出相应的司法解释、司法政策，为下级法院处理涉自贸区案件提供具体裁判指引。在必要的情形下，最高人民法院可以遴选出具有代表性的涉自贸区的司法判例，阐明这些典型案例的裁判要旨，并将其作为指导性判例加以发布。

7. 妥当处理自贸区涉外案件

从上海自贸区已有司法实践情况来看，各级法院目前处理的涉外案件并不多见。这可能是因为上海自贸区建设刚刚起步，进驻自贸区的企业尚未遇到复杂的法律争议问题。但是，这并不意味着不需要重视自贸区涉外案件的审理工作。可以预见的是，随着上海自贸区改革的深化，涉外类型的法律争议案件会越来越多。

在此背景下，法院应当继续深化对负面清单制、金融创新改革等方面的理解，在处理相应争议时正确行使司法管辖权、准确适用法律法规，根据自贸区的改革政策合理界定当事人的权利义务关系，对于中外当事人的合法权益加以平等保护，本着鼓励投资、鼓励贸易的原则进行裁判，为外国投资者提供一个稳定的法律规则预期。

8. 鼓励创新和防范风险

上海自贸区是改革创新的试验田，各类市场主体可以充分利用自贸区制度的灵活性开展各种市场创新。特别是随着上海自贸区内利率市场化、资本项目可兑换、外汇市场化等金融改革措施的推行，自贸区内的金融创新交易、金融创新商品会层出不穷。对于这些市场创新，法官必须持包容理解态度，自贸区的司法体制和审判机制也相应必须具有开放性和融合性。

当然，鼓励市场创新并不意味着放任市场创新。如果自贸区内的市场创新活动存在损害国家利益、侵害公序良俗、违反强制法律的情形，例如通过虚假投资、虚假贸易的形式从事相关违法行为，法官必须否定这些商事交易的效力，进而有效防范风险并保障交易安全。如果这些行为构成严重违法的，应当追究相应主体的刑事责任。

9. 优化多元争议解决机制

恰如前文所述，上海自贸区内的多元化纠纷解决机制已经得到了初步建构，但从实践效果来看，依然需要进一步的完善。为了促进自贸区各类争议的高效解决，应当进一步优化仲裁制度，充分发挥仲裁制度的专业化优势，使得自贸区内金融纠纷、外贸纠纷、航运纠纷等进入更为专业化的解决渠道。同时，应当进一步完善商事纠纷的调解工作，借助专业调解机构的专业知识、柔性程序促成商事争议当事人尽快达成和解，从而减少争议对抗、节约司法资源。

作为上海自贸区的建设与改革的有机构成和重要内容，自贸区运作中的纠纷解决机制及其核心司法制度的改革与完善应当同步进行甚至应率先完成。在"四个全面"战略布局的视野下，上海地区司法系统的改革居于两条主线交织之间：一条是上海自贸区改革对上海司法系统的改革要求与促进；另一条是全国性司法体制改革对上海司法系统的改革要求与促进。这种改革态势对于上海司法系统既是挑战，更是机遇，这就需要上海司法系统深刻认识社会发展趋势，精准把握历史机遇，在自贸区建设改革与全国司法体制改革领域都走在前面。

七　上海自贸区改革试点经验的复制推广——回归
法治化的道路

在上海自贸区试验改革推行一段时间之后，自贸区改革经验的复制推广也成为自贸区建设工作的一个重要组成部分。中共中央、国务院高度重视上海自贸区经验的推广工作。2014 年 10 月 27 日中央全面深化改革领导小组审议了《关于中国（上海）自由贸易试验区工作进展和可复制改革试点经验的推广意见》，强调对于自贸区试验取得的可复制、可推广的经验，能在其他地区推广的要尽快推广，能在全国推广的要推广到全国。[①] 2015 年国务院发布了《关于推广中国（上海）自由贸易试验区可复制改革试点经验的通知》（以下简称"推广自贸区经验通知"），对于上海自贸区可复制改革试点经验在全国范围内的推广工作进行了全面部署。

上海自贸区可复制改革经验的推广工作受到如此重视，是我国自贸区建设的基本逻辑决定的。在自贸区基本制度不够成熟的情况下，我国的自贸区建设并没有在全国范围内大范围开展，而是选择在上海、广东、福建、天津等少数地域开展"试验"。只有在已经推行"试验"的自贸区改革措施被证明行之有效后，才能将其"特殊经验"提炼为"普遍规则"，并推广适用到其他地区。随着上海自贸区试验过程中"成熟经验"的累积，有必要有选择性地将改革试点经验向全国复制推广。遗憾的是，除了上文提及的"通知"，并无其他法律法规对上海自贸区改革试点经验的推广复制工作加以规范调整。

同时，由于上海自贸区自设立以来已在各个领域取得显著成绩，"改

---

① 何苗：《中央深改小组第六次会议：上海自贸区经验尽快推广》，《21 世纪经济报道》2014 年 10 月 28 日第 005 版。

革红利"的释放也为自贸区经济社会深化发展创造了良好的条件，这也激励了其他地区自发主动学习上海自贸区经验，并且纷纷借鉴采纳上海自贸区内已经推行的改革政策和创新措施。但是，其他地方自发学习借鉴上海自贸区改革经验的实践也存在较多问题，在各个方面均需要加强引导。

在此背景下，有必要研究上海自贸区改革试点经验复制推广的制度体系，明确上海自贸区经验推广的主体、条件、程序等因素，将其也纳入法治化的轨道。

（一）自贸区改革试点经验推广复制基本概况

如果从法治视角审视上海自贸区的改革试点经验的复制推广工作，至少有下面几个问题值得深入讨论。

1. 复制推广哪些"改革试点经验"

在当下关于上海自贸区改革的规范文件中，上海自贸区的"改革试点经验"均被强调应当得到复制推广。但是，对于可复制推广的"改革试点经验"到底指涉哪些内容，目前尚未得到准确的阐释，学界也缺乏深入的理论研究。在此情况下，"改革试点经验"的内涵和外延有待进一步的研讨。①

依据"推广自贸区经验通知"的规定，上海市和有关部门以简政放权、放管结合的制度创新为核心，加快政府职能转变，探索体制机制创新，在建立"以负面清单管理为核心的外商投资管理制度、以贸易便利化为重点的贸易监管制度、以资本项目可兑换和金融服务业开放为目标的金融创新制度、以政府职能转变为核心的事中事后监管制度"等方面，形成了一批可复制、可推广的改革创新成果。这些改革创新成果属于可在全国范围内

---

① 刘东：《上海自贸区镜鉴：哪些可复制、哪些可推广、哪些可超越？》，《21 世纪经济报道》2015 年 3 月 2 日第 002 版。

推广的"改革试点经验"。该通知还进一步列明了可在全国范围推广的 28
项具体事项和在海关监管区域推广的部分改革事项。

实际上，上海自贸区可以复制推广的"改革试点经验"应当不限于上
述内容，原则上凡是经过上海自贸区试验证明行之有效的改革创新成果都
应当可以复制推广，具体包括立法制度规则、行政改革规则、司法裁判规
则等。全国人大及常委会、国务院、上海市人大、上海市政府等国家机关
均应参与到自贸区改革试点经验的复制推广工作中来，总结出更多适合于
在全国范围和特定区域复制推广的制度规则。除了具体的改革创新措施，
可复制推广的"改革试点经验"也应包括简政放权的理念、深化改革的精
神等内容，对于其他地域而言，这些内容虽然较为抽象，但却是自贸区
"改革试点经验"的核心所在，也是构造各种创新规则的理念基础。[①]

2. 向哪些地区复制推广：全国范围和特定区域

上海自贸区经验既可以向全国范围加以推广，又可以选择在特定区域
加以推行。在国务院发布的"推广自贸区经验通知"中，上海自贸区可复
制改革试点经验被区分为两类：一类是在全国范围复制推广的事项；另一
类是在全国其他海关特殊监管领域推广的事项。可以看出，国务院对于上
海自贸区可复制改革试点经验的推广范围还是有较为严格的限制，除了少
数成熟措施可在全国范围内加以推广外，多数改革措施只能在海关特殊监
管领域进行推广。

当然，实践中自贸区改革试点经验的推广工作却并未严格遵循"推广
自贸区经验通知"的上述要求。一些不属于海关特殊监管领域的地方也在
积极学习借鉴上海自贸区内的改革试点经验，这些地方借鉴学习的规则可

[①] 有学者将上海自贸区经验的"外溢"区分为三个层次：观念溢出、可复制经验推广、经
济层面的辐射和扩散。简政放权的理念和深化改革的精神是上海自贸区经验的核心，也
应当视为可复制、可推广经验的重要内容。参见沈桂龙：《可复制、可推广经验与自贸
区溢出效应》，《浦东发展》2014 年第 11 期，第 37 页。

能也非国务院在上文所述"推广自贸区经验通知"中明确的可复制推广改革试点经验。①

在此背景下，似乎不应对自贸区经验的推广区域加以严格限定。国务院可以发挥引领作用，侧重促进自贸区经验在全国范围内的推广，但也应当认可地方区域对于自贸区经验的"复制推广选择权"。依据学者的研究，遍布全国各地的各类经济园区（高新区、开发区）在地位、功能等方面和上海自贸区存在相似相通之处，在这些区域大力推广自贸区改革试点经验，对于这些传统经济园区的发展转型具有至关重要的意义。当然，在这些经济园区具体复制推广哪些改革试点经验，需要根据经济园区转型实际需要加以选择。②

3. 如何加以推广：可复制推广经验的规范化

上海自贸区改革经验的推广不能采取简单的"拿来主义"态度，对于上海自贸区中已经较为成熟的制度经验，其他地方原则上不能直接加以"抄袭"适用。

在目前全国性自贸区立法缺位的情况下，上海自贸区多数改革创新措施的合法性是由针对上海自贸区特别制定的"总体方案"、"地方法规"等加以确认。即使这些改革创新措施已被证明为成熟的"改革试点经验"，全国范围内或特定区域内的复制推广也需要为其重新寻找"合法性依据"。换言之，需要通过制定新的法律、法规，来确定这些"改革试点经验"的合法性。

因此，在全国范围内推行上海自贸区经验时，全国人大、国务院有必要制定或修改相应的法律、法规，使得将要在全国范围内推广的自贸区改

---

① 参见卜海、龚卓：《借鉴上海自贸区经验，提升江苏开放型经济发展水平》，《唯实》2015年第 5 期。
② 参见李鲁、张学良：《上海自贸试验区制度推广的"梯度对接"战略研讨》，《外国经济与管理》2015 年第 2 期。

革试点经验具有合法性。如果其他地域主动学习借鉴上海自贸区的重要规则，地方立法机构也需同样按照要求，制定相应法规、规章进而确认这些改革措施的合法性。[①]

（二）自贸区改革试点经验的复制推广：国务院的安排

1. 通过可复制改革试点经验的文件

"自贸区总体方案"明确规定上海市人民政府要精心组织好"自贸区总体方案"的实施工作，建设国际水准并且具备投资贸易便利、监管高效便捷、法治环境规范等特征的自由贸易试验区，使之成为推进改革和提高开放型经济水平的"试验田"，形成可复制、可推广的经验，发挥示范带动、服务全国的积极作用，促进各地区共同发展。

2015 年 1 月 29 日国务院发布了"推广自贸区经验通知"，对于上海自贸区可复制改革试点经验在全国范围内的推广工作进行了全面部署。

依据该通知的规定，上海自贸区可复制改革试点经验，除了涉及法律修订、上海国际金融中心建设事项外，能在其他地区推广的要尽快推广，能在全国范围内推广的要推广到全国。在此基础上，决定进一步在全国范围内复制推广五方面总计二十八项改革事项，并在全国其他海关特殊监管区域复制推广特定改革事项。

"推广自贸区经验通知"强调，要全面深刻认识到推广上海自贸区可复制改革试点经验的重要性，将推广工作作为全面深化改革的重要举措，积极转变政府管理理念，以开放促改革，着力解决市场体系不完善、政府干预过多和监管不到位等问题，更好地发挥市场在资源配置中的决定性作

[①] 汪洋在向人大常委会第十四次会议报告自贸区工作进展情况时，特别提到要做好自贸区试验区建设与立法工作的衔接。在其看来，试验有阶段性、临时性的特点，制度创新经过试验证明有效的，将不定期在全国范围内推广。在此过程中，根据实际需要适时修改相关法律法规，发挥法治的引领和保障作用。参见毛磊、彭波：《上海自贸区经验得到有序复制推广》，《人民日报》2015 年 4 月 23 日第 010 版。

用。该"推广自贸区经验通知"还强调要适应经济全球化的趋势，逐步建构与我国开放型经济发展要求相适应的新体制、新模式，促进国际国内各类要素有序自由流动、资源高效配置、市场深度融合。

该"推广自贸区经验通知"要求各省（区、市）人民政府要因地制宜，积极创造条件、扎实推进，确保改革试点经验生根落地、产生实效，要制定工作方案，明确具体任务、时间节点和可检验的成果形式，对于改革试点经验推广过程中的重大问题，要及时报告国务院。

2. 目前可复制推广的具体改革事项

在国务院发布的"推广自贸区经验通知"中，列举了需要进一步在全国范围复制推广的五方面共计二十八项改革事项：

在投资管理领域，包括外商广告企业项目备案制、涉税事项网上审批备案、税务登记号码网上自动赋码、网上自助办税、纳税信用管理的网上信用评级、组织机构代码实时赋码、企业标准备案管理制度创新、取消生产许可证委托加工备案、企业设立实行"单一窗口"等。

在贸易便利化领域，包括全球维修产业检验检疫监管、中转货物产地来源证管理、检验检疫通关无纸化、第三方检验结果采信、出入境生物材料制品风险管理等。

在金融领域，包括个人其他经常项下人民币结算业务、外商投资企业外汇资本金意愿结汇、银行办理大宗商品衍生品柜台交易涉及的结售汇业务、直接投资项下外汇登记及变更登记下放银行办理等。

在服务业领域，包括允许融资租赁公司兼营与主营业务有关的商业保理业务、允许设立外商投资资信调查公司、允许设立股份制外资投资性公司、融资租赁公司设立子公司不设最低注册资本限制、允许内外资企业从事游戏游艺设备生产和销售等。

在事中事后监管领域，包括社会信用体系、信息共享和综合执法制度、企业年度报告公示和经营异常名录制度、社会力量参与市场监督制度，以及各部门的专业监管制度。

此外，在全国其他海关特殊监管区域复制推广的改革事项还包括：海关监管制度方面的期货保税交割海关监管制度、境内外维修海关监管制度、融资租赁海关监管制度等措施；检验检疫制度方面的进口货物预检验、分线监督管理制度、动植物及其产品检疫审批负面清单管理等措施。

（三）自贸区改革试点经验的复制推广：其他方式

对于上海自贸区改革试点经验的复制推广，国务院发布的"推广自贸区经验通知"起到了至关重要的作用。除此之外，还存在其他各种形式的自贸区改革试点经验复制推广模式。在这些模式之下，上海自贸区的部分改革创新措施在国务院"推广自贸区经验通知"发布之前，就已在全国范围或其他地区推广适用。

1. 国务院及相关部委推广自贸区经验

除了上文所述的推广文件和推广规则之外，国务院及相关部委对于上海自贸区经验的推广也作出了更多努力。①试举几个例子如下：

2014年3月1日，国务院发布了《注册资本登记制度改革方案》，上海自贸区实行注册资本认缴登记制的改革经验得以向全国推广。

2014年8月27日，国务院发布了《企业信息公示暂行条例》，这意味着上海自贸区内推行的企业年度报告制度正式在全国范围加以推广。

2014年9月24日，经过国家质检总局的评估同意，上海自贸区率先实行的检验检疫无纸通关化、检验检疫分线监管机制、进境货物预检验、第三方检验结果采信、全球维修产业监管、动植物及其产品检疫审批负面清单管理、入出境生物材料（制品）风险管理和中转货物原产地签证八项

---

① 更为具体的介绍参见任新建：《自贸区21项成果已复制推广，还有30多项整装待发》，《上海经济》2014年第10期，第18-22页。

创新制度，也可以在全国范围内推广。

2. 其他地方主动学习借鉴上海自贸区经验

除了国务院层面的积极努力之外，其他地方也在积极学习借鉴上海自贸区的改革试点经验。

2014 年 10 月 14 日，广州黄埔海关率先复制推广上海自贸区已经推行的海关监管创新制度，其中包括境内外维修、智能化卡口验放、跨境电子商务、简化区域与口岸间保税货物结转、委内加工、区内自行运用、简化统一进出境备案清单、简化无纸化通关附随单证，试点范围包括广州保税区、广州出口加工区、广州保税物流园区在内的海关特殊监管区域。

2014 年 10 月 19 日，国家质检总局正式批复同意厦门实行上海自贸区"特殊物品"卫生检疫政策，厦门对于出入境的"特殊物品"享有风险评估的权限，同时还采取了一系列改革创新措施，如审批时限改为 7 个工作日，查验比例最低降至 10% 等。

2014 年 11 月和 12 月大连海关、深圳海关分别在各自监管区域内复制和推广上海自贸区的海关监管创新措施，其中大连海关引入了先进区后报关、区内自行运输、加工贸易工单式核销、期货保税交割制度、融资租赁制度、内销选择性征税制度等；深圳海关引入了智能化卡口验放、批次进出和集中申报、融资租赁、保税展示交易、简化无纸通关附随单证、先进区后报关等创新制度措施。

3. 推广到上海市非自贸区区域

上海自贸区的改革试点经验除了向全国范围和其他省份得到复制以外，在上海市非自贸区区域也得到了推广适用。

2014 年 4 月 15 日，上海市质监局决定，将"取消工业产品生产许可证委托加工备案事项"从上海自贸区扩展到上海市所有区县。注册在上海的企业，无论作为委托企业还是被委托企业，从事委托加工实行生产许可证制度管理的产品时，不再需要办理工业产品生产许可证委托加工备案，仅需将工业产品生产许可证委托加工信息表报送给所在地区县质监局。

2014 年年初中国人民银行上海总部宣布放开上海自贸区小额外币存款利率上限，这意味着上海自贸区率先实现了外币存款利率的市场化。2014 年 6 月 27 日开始，这一改革措施的适用范围从上海自贸区扩展到上海市全市区域。

2014 年 6 月 30 日，上海市商务委决定在静安区启动外商投资企业"一口受理"平台，这意味着上海自贸区内外商投资"负面清单"管理模式在自贸区外也得到推广应用。此后，上海市静安区的外商投资监管也从"重事前审批"向"重事中事后监管"转变。

2014 年 11 月 15 日，上海市政府决定在全市范围内推广试点上海自贸区内已经推行的"办税一网通" 10 项创新税收服务措施。

（四）自贸区改革试点经验复制推广过程中的问题

1. 推广本身的法律依据不足

虽然国务院在 2015 年制定了"推广自贸区经验通知"，对于自贸区经验的复制推广作出了全面部署。但是，这一文件并非法律、法规，自贸区经验在全国范围内的复制推广依然欠缺充分而明确的法律规范加以调整。

在此背景下，有必要通过制定统一的《自贸区法》或者专门的法律、法规，以确认自贸区经验推广制度的合法性，使得这种特殊的法律规则创制模式能够纳入我国的立法体系之中。通过专门立法，可以对自贸区改革试点经验复制推广的法律性质、程序机制、参与主体等作出更为全面的规定，进而更好地引导自贸区改革试点经验在全国范围内的推广适用。

2. 缺乏明确的主导机构

在当下自贸区改革试点经验推广实践中，参与的主体较为多元，但是尚缺乏明确的主导机构。就国家层面而言，国务院及其各个部委对于自贸区经验的推广发挥着重要作用；在地方层面，上海作为自贸区经验的"输出方"，也作出了很多努力。其他地域的政府及相关部门也在自发主动学习借鉴上海自贸区建设经验。

在参与自贸区改革试点经验复制推广的各个主体当中，国务院对于我国自贸区建设负有统筹领导和协调推进的职责，对于自贸区经验的复制推广应发挥更为关键的作用。国务院应当定期评估自贸区改革实践、总结自贸区创新经验，这是自贸区改革试点经验得以复制推广的制度前提。上海市人大、上海市政府在自贸区经验推广过程中也应承担更为重要的职责，积极推动自贸区可复制、可推广经验的提炼生成。

3. 缺乏明确的程序机制

目前，上海自贸区改革试点经验的复制推广尚无明确的程序机制，对于自贸区经验推广借鉴到底应当履行什么样的程序要求尚无具体规定，这就导致自贸区经验复制推广在一定程度上陷入混乱状态。有的地方直接将上海自贸区内的规则加以推广适用，而没有制定相应的法规、规章为其提供合法性依据。有些被借鉴试用的"经验"其实尚未经过有效的评估确认，是否属于成熟的改革试点经验还有待观察。

在此背景下，有必要完善自贸区改革试点经验复制推广的程序机制，使得相关工作的具体开展有章可循。举例而言，上海自贸区内的制度规则在推广之前必须经过充分的评估，确认其已经达到足够成熟完善的程度。经过评估确认可以复制推广的改革试点经验，可以由国务院或其指定机构定期加以发布。在此基础之上，国务院既可以选择向全国范围加以推广或者在特定区域加以推广。其他地区也可以申请复制推广已被确认的成熟改革经验。

4. 存在一定程度的盲目性

在国务院积极倡导推广复制上海自贸区经验的背景下，全国各地掀起了学习自贸区经验的热潮。各地纷纷派出代表团奔赴上海自贸区进行学习，并积极酝酿在所在区域推行自贸区内已经相对成熟的各项制度措施。

当然，其他地方积极学习推广上海自贸区经验的努力值得肯定，但是在多数情形下也需要避免过于热衷而忽略理性的"盲目性"。

上海自贸区有其独特的制度逻辑，自贸区内的投资领域开放、服务贸易发展、金融制度创新、监管制度调整等改革措施，是和上海自贸区经济社会发展实际需要紧密联系在一起的，也和上海地区的市场成熟度、法治化环境、政府管理能力等因素有关。其他地域如果不具备类似上海自贸区的经济条件和制度环境，很多经验制度就无法加以有效复制和推广。例如，其他地方的金融改革就难以超越上海自贸区目前的改革框架。因此，即使是复制推广自贸区经验也需要避免盲目地继受自贸区内所有改革试点经验，而是需要根据区域发展需要来谨慎确定需要借鉴的规则。①

5. 配套法律修订调整的滞后性

自贸区的建设不仅是引入各种改革创新措施，更需要调整背后规范这些改革创新措施的法律规范体系。如果在自贸区建设过程中仅有形式多样的改革创新措施，而没有配套法律规则的修订完善，自贸区的改革试验往往难以成功。这一逻辑同样也适用于上海自贸区改革试点经验的复制推广过程之中。

在自贸区改革试点经验向全国范围或特定地区推广的过程中，必须"修法先行"以实现法治引领、规范和保障，通过及时的修订法律、法规，以确保这些改革措施的合法性。在目前自贸区经验的推广过程中，这一要求并没有得到较好的贯彻，配套法律的调整相对而言较为滞后。

6. 忽视了先进规则的适应性

对于自贸区经验的学习借鉴者而言，上海自贸区内各项改革创新措施均具有"先进性"。但是，在上海自贸区内可以适用的"先进规则"、"成熟制度"，在其他地域可能会出现"水土不服"的状况，也就是说，上海自贸

---

① 参见刘波：《有序推广自贸区经验》，《21世纪经济报道》2014年10月29日第004版。

区建设与改革经验的普适性并不是自然形成的，需要经过选择、提炼和整理。在自贸区经验的推广过程中，必须注意自贸区改革试点经验在其他地域是否具有"适应性"。只有契合其他地域经济社会发展需要的规则，才是这些地方真正需要借鉴推广的改革试点经验。罗培新在考察自贸区司法经验的复制推广问题时，就曾深入分析了这个问题，指出"自贸区的商事裁判经验移植或推广至中西部地区时，对其有效性必须保持足够的警醒"。[①]

7. 缺乏实践与司法程序检验

由于目前我国自贸区建设刚刚起步，自贸区内的相关制度规则也不够完善，理论基础有待深入论证，制度结构有待全面优化。更为重要的是，由于自贸区改革经验的实践过程较短，尚未形成系统深入的实践经验总结，特别是与自贸区新规则相关的争议纠纷刚刚出现，涉及自贸区改革的创新法律规则尚未得到司法程序的充分检验。因此，上海自贸区改革经验的合宪性和合法性尚未进行充分的经验总结和规则提炼，它所存在的规制漏洞、规范冲突等缺陷可能尚未发现。在此意义上，被推广、被复制的改革试点经验只存在阶段意义而非完备意义上的成熟性。实际上，只有经过实践经验反复检验或者司法程序充分检验的规则，才可以认为是更为成熟、更为完善的规则。

（五）如何完善自贸区经验推广制度——上海市方面的角色和功能

在自贸区改革试点经验的复制推广过程中，上海市人大、上海市政府等机构始终占据着重要地位。上海市人大、上海市政府等机构是上海自贸区内既有改革创新措施的"执行者"，对于这些改革创新措施实施过程中

---

① 罗培新：《自贸区商事裁判经验"可复制，可推广"之困境辨析——以信义义务案件的实证分析为视角》，《学术月刊》2014 年第 5 期，第 50 页。

所取得的成就、所面临的问题具有较为全面的把握，在总结推广上海自贸区改革经验时，应充分发挥其应有职能。具体而言，上海市人大、上海市政府等机构在推广自贸区经验方面，应当担任独特的改革使命与工作任务。

1. 大胆探索

自贸区可复制、可推广的改革试点经验来自改革实践。上海自贸区的改革创新试验为提炼和推广可广泛适用的"普遍规则"提供了社会土壤，也只有不断推动改革、深化探索，才能形成更多新的可复制推广的改革试点经验。

在此背景下，上海市人大、上海市政府必须在国务院总体方案的框架下继续深化上海自贸区的改革，进一步扩大探索空间、加快创新步伐，使得上海自贸区在立法、行政、司法等方面形成更多更具特色的具体制度，为改革试点经验的生成创造良好的制度环境。

更为重要的是，上海市在自贸区建设与改革中，肩负双重使命：既要推进自贸区的建设与改革，又要为全国提供可复制、可推广的经验。因此，上海市相关部门在推进自贸区建设与改革中，其视野绝不能局限于上海一地，而应拓展于全国以至国际。也就是说，要从我国社会主义市场经济的内在需要、发展趋势以及可能推进的步骤，设定自贸区的建设规划与改革方案；要着眼于国际经济格局和全球化发展趋势，布局自贸区的建设规划与改革方案。因此，上海在自贸区建设与改革上，可以展示创新性的空间是十分巨大的，只有大胆探索、更大范围和更深程度的探索，才能完成好上海自贸区的历史使命和时代任务。

2. 及时总结

上海自贸区的实验改革始终处于推进过程之中，各种创新措施层出不穷。对于已经推出的改革举措，在试验一段时间之后必须及时分析：其是否符合自贸区建设的实践需要，其是否取得了良好的经济社会效果，其理论基础和制度架构是否已经趋于成熟，其是否存在实践问题、是否需要加以完善。对于法治体系中特有的经验分析方法与规则形成的机制，应当予以充分重视和有效运用。

因此，上海市方面也要建立有效的法治评估机制，运用法治思维和法治方式，定期对自贸区内的改革创新措施作出评估，客观评价试验效果，并且在此基础之上形成"改革创新措施是否达到可复制、可推广标准"的评估报告。

对于上海自贸区内的既有改革创新措施，依据新型评估机制的要求，应当加以跟踪观察分析，并且明确成熟程度类型；对于已经基本成熟的制度措施，要及时纳入可复制、可推广的措施名单；对于相对不够成熟的制度，要分析问题原因和改进方案，并尽量采取相应措施使之得到完善。

3. 适时上报

在定期跟踪、评估自贸区创新改革措施的同时，上海方面需要建立同国务院之间可复制推广"改革试点经验"的上报机制。一旦自贸区改革创新措施已经成熟完善，上海自贸区管理机构应当按照法定方式向国务院报送可复制推广的"改革试点经验"。至于应该采用怎样的上报形式、上报频率，则是需要和自贸区改革创新措施的评估制度相匹配。

4. 开放交流

由于目前学习借鉴上海自贸区经验的地域不仅包括后续设立的广东、福建、天津等地的自贸区，而且包括其他尚未设立自贸区的地域。其地域不仅学习已经被国务院明确加以复制推广的改革试点经验，而且也在借鉴自贸区内尚未被复制推广的改革创新措施。

在此背景下，为了有效协助其他地域借鉴应用上海自贸区的改革试点经验，上海方面可以设立自贸区可复制、可推广经验交流平台，向学习者和借鉴方充分介绍上海自贸区的改革经验，进而引导这些地方创新改革的顺利开展。

当然，最为重要且不宜传播变形的改革经验复制推广机制，就是法治形成与适用机制。虽然各地对上海自贸区经验的复制推广要结合当地现实状况与发展需要，这是上海自贸区经验在复制推广中被取舍或改进的合理性所在。但是，上海自贸区的建设与改革经验涉及政府与市场关系的体制建构，涉及社会主义法治体系的发展完善，社会主义市场经济体制与法治体系的统一性要求上海自贸区改革经验的复制推广应当具有较大的精准性。因此，运用法治方法复制和推广上海自贸区改革经验，是自贸区改革经验复制推广机制的首选，也是今后上海自贸区建设与改革中必须持续进行不断加强的重要任务。

附一　主要缩略语

《中国（上海）自由贸易试验区总体方案》——"自贸区总体方案"；

《进一步深化中国（上海）自由贸易试验区改革开放方案》——"深化自贸区改革开放方案"；

《中国（上海）自由贸易试验区条例》——"自贸区条例"；

《中国（上海）自由贸易试验区管理办法》——"自贸区办法"；

《上海市第一中级人民法院涉中国（上海）自由贸易试验区案件审判指引》——"自贸区审判指引"；

《关于适用〈中国（上海）自由贸易试验区试验区仲裁规则〉仲裁案件司法审查和执行的若干意见》——"仲裁规则若干意见"。

附二　论我国统一的"自贸区法"的制定

为了在新形势下推进改革开放，近年来中共中央、国务院推出了"建设自由贸易试验区"这一重大改革举措。在中国（上海）自由贸易试验区（以下简称"上海自贸区"）运行一年多之后，国务院又分别批准建立中国（广东）自由贸易试验区、中国（福建）自由贸易试验区、中国（天津）自由贸易试验区（以下分别简称"广东自贸区"、"福建自贸区"、"天津自贸区"）。这些自贸区的设立对于新形势下加快政府职能转变、促进贸易投资便利化、探索开放型经济新体制具有至关重要的意义。

自贸区建设的推进需要完善的法治保障。为了有效引导和规范自贸区建设，全国人大常委会、国务院及各部委、地方人大、地方政府分别制定了大量的法律、法规、规章、地方性法规、地方性规章等。这些法律规范针对自贸区内负面清单管理、国家安全审查、企业设立管控、金融创新改革、税收优惠调整、法律争议解决等事项提供了较为完善的规制方案，有力促进了自贸区建设的实施。在某种程度上可以说，调整我国自贸区建设的法律规范体系已经初步形成，但是尚未达到"完美"状态。

无论是与其他国家的自贸区立法相比，还是针对现实争议难题的解决而言，我国的自贸区法律规范体系依然存在较多问题、尚有较大完善空间。举例而言，全国人大常委会仅是授权国务院在自贸区内暂时调整有关法律规定的行政审批，并未就自贸区建设制定统一法律；[①] 国务院发布的不同地域的自贸区方案虽然考虑了自贸区所在地域的特殊性，但在内容上依然多有重复。实际上，这些重复的内容可以通过统一的法律或法规加以规

---

① 对此较为深入的思考参见刘沛佩：《对自贸区法治创新的立法反思——以在自贸区内"暂时调整法律规定"为视角》，《浙江工商大学学报》2015 年第 2 期，第 60–65 页。

定；各部委、地方人大、地方政府制定的部门规章、地方法规、地方规章虽然内容相对较为详尽，但依然需要加以体系化的整合。自贸区建设的法律规范"供给机制"有待进一步优化。[1]

在此背景下，有必要制定统一的"中华人民共和国自由贸易区法"（以下简称"自贸区法"），为自贸区建设的开展提供完善的法律规范基础。对于当下自贸区法律规范体系而言，统一的"自贸区法"的制定既可消除其"混乱"，又可弥补其"不足"。当然，统一的"自贸区法"的制定需要更为深入的理论论证和制度探讨。遵循这一问题意识，本书将围绕相关问题展开阐释分析。

一、统一的"自贸区法"的必要性论证

（一）自贸区深化改革的现实需要

当下我国已经设立的自贸区仅限于上海、广东、福建、天津四个区域。除此之外，武汉、重庆、成都、西安、兰州、郑州等城市也已经明确提出申报内陆自贸区。[2] 可以预见的是，随着自贸区建设经验的逐步累积，国务院会在全国范围内批准设立越来越多的自贸区，自贸区范围的扩展、数量的增多已是必然发展趋势。同时，各地自贸区的建设也会面临越来越多的实践难题。

在此背景下，有必要依据自贸区深化改革的现实需要完善自贸区法律规范体系，使得自贸区建设能够得到充分引导和有效规范。结合既有自贸区建设经验而言，目前较为迫切的是需要明确自贸区的设立条件和设立程序，同时完善自贸区内的企业设立、税收优惠、金融创新、监管治理、争

---

① 参见沈国明：《法治创新：建设上海自贸区的基础要求》，《东方法学》2013 年第 6 期，第 124-129 页；杨登峰：《区域改革的法治之路——析上海自贸区先行先试的法治路径》，《法治研究》2014 年第 12 期，第 43-50 页。

② 参见白琳：《中国自贸区向 3.0 时代迈进》，《中国商报》2015 年 1 月 20 日第 5 版。

议解决等具体制度。

从社会规范有效供给的角度出发，解决上述问题的根本办法在于统一的"自贸区法"的制定。全国人大或全国人大常委会有必要根据上海、广东、福建、天津四个地域自贸区建设的实践经验，全面总结反思自贸区的理论基础和制度构成，并在此基础之上形成统一立法。

统一的"自贸区法"的制定可以确立自贸区的基本制度构成和具体规范体系，可以适应自贸区深化改革的实践需要；统一的"自贸区法"的制定既能"规范"后续其他地方自贸区的设立，又能解决既有自贸区和新设自贸区在建设过程中面临的各种难题。对于国务院而言，自贸区的批准设立有了明确的法律依据和审查条件，它也可以根据法定程序加速推进全国范围内的自贸区建设。

（二）改革和法治关系的逻辑延伸

自贸区的设立本身是我国顺应全球经济发展新形势、全面推进深化改革开放的重要举措。各地自贸区内负面清单制的推行、行政管理体制的改革、税收优惠制度的调整、金融领域的开放创新等均是构成现行法律制度体系之下的重大改革措施。尽管国务院发布的各地"自贸区总体方案"对于这些改革措施均有所规定，但是相关立法并未因之加以修改调整，目前也没有统一立法来明确确认这些改革措施的合法性。[①]

可能有人会认为自贸区建设目前处于试验阶段，上述改革措施的合理性尚需实践检验，在此阶段不需要通过具体立法确认其合法性，哪怕这些改革措施和既有立法之间存在明显冲突。此外，国务院发布的"自贸区总体方案"已对这些改革措施加以肯定，即使未能经由立法或修法获得形式意义上的合法性，它们也具有实质意义上的合法性。这种观点与此前学界

[①] 有学者就认为自贸区内推行的企业设立登记、外商投资管理、境外投资监管、税收征管改革、管理机构设立等措施均具有"违法性"。参见杨登峰：《区域改革的法治之路——析上海自贸区先行先试的法治路径》，《法治研究》2014 年第 12 期，第 43-44 页。

讨论过的"良性违法论"、"良性违宪论"颇为类似。①

实际上，任何改革都必须符合"法治"基本要求，不存在脱离或超越"法治"制度框架的改革措施。我国的自贸区改革虽然刚刚起步，也必须纳入"法治"轨道。②同时，由于自贸区改革措施多数涉及民事、商事、行政等基本法律，对于这些法律的任何"变通"都必须通过修订旧法或另立新法加以实现，如此才能确保这些改革措施的"合法性"。

目前，部分改革措施（暂停部分法律要求的行政审批）是通过全国人大常委会的特别授权确保合法性，但是这种机制存在个别性、具体性等特点。如果所有的改革措施（尤其涉及行政许可法、三资企业法、税法等基本法律的）均需要经过全国人大特别授权，必然引发程序多、效率低等很多问题。

在此情况下，有必要制定统一的"自贸区法"确认上述改革措施的合法性，使得自贸区内实施上述改革措施不至于引发所谓的"良性违法"状态，进而更好地促进自贸区改革的全面深化。这是改革和法治内在关系的必然逻辑延伸。

（三）宪法"实质化"的必然结果

目前，少有学者从宪法角度讨论自贸区建设问题。实际上，中国自贸区建设问题本身也是一个宪法问题。

宪法有"形式宪法"和"实质宪法"之分。依据"实质宪法"观念，对于宪法条款的理解必须根据社会发展变迁不断进行更新，如此才能真正

---

① 关于良性违宪论、良性违法论的基本观点参照郝铁川：《良性违宪论》，《法学研究》1996年第4期，第89-91页。
② 更为深入的理论论证参见陈甦：《构建法治规范和引领改革的新常态》，《法学研究》2014年第6期，第35-41页。

理解特定国家的宪法秩序。① 在我国的宪法实施制度体系之下，对于宪法中经济制度条款（如市场经济条款）的理解就有必要根据改革开放实践不断加以更新。

实际上，十八届三中全会《关于全面深化改革若干重大问题的决定》中关于建立自贸区的决定以及随后的自贸区建设实践，在一定程度上已经更新了我国宪法中"国家实行社会主义市场经济"的内容。自贸区建设已经成为我国社会主义市场经济建设的重要组成部分。在一定意义上可以说，宪法中的"社会主义市场经济"条款的内涵得到了丰富发展。②

宪法条款具有原则性、抽象性，宪法条款内容的"实质化"和"具体化"需要通过多种制度加以实现。通常来说，宪法条款往往需要通过立法将其转变为抽象的、静态的法律规范，再通过司法将其转化为具体的、动态的法律规范。同时，宪法条款本身也构成对立法者、司法者的"约束"和"限制"。就此而言，为了更好地贯彻实施宪法，立法机构有必要依据更新后的"社会主义市场经济"宪法条款制定相应法律确保自贸区建设的有效推进，这本身是宪法赋予立法机构应尽的义务。统一的"自贸区法"的制定，本身也是宪法"实质化"的必然结果。

（四）法律体系优化的应然构造

在既定法秩序体系下，法律规范体系的构造必须具有合理性，不同法

---

① 中国宪法学界对于"实质宪法理念"的研究并不多见，在欧洲大陆法系国家"实质宪法理论"随着合宪性控制制度的发展而渐趋成熟。意大利宪法学者 Costantino Mortati 在 20 世纪 40 年代即对这一理论有深入阐释，参见 Costantino Mortati, *La costituzione in senso materiale*, Milano, 1942。

② 当然，限于篇幅原因，此处难以对宪法变迁理论展开充分的论证和阐释，因为以宪法变迁理论分析中国问题相对而言更为复杂。从宪法解释的维度来看，十八届三中全会《关于全面深化改革若干重大问题的决定》作为重要纲领文件，对于中国经济社会改革作出了重要战略安排，这些内容对于宪法中的相关规范必然会产生重大影响，在一定程度上可以说这是一种重要的宪法变迁机制。对于宪法变迁理论的介绍，可以参见王锴：《宪法变迁：一个事实和规范之间的概念》，《北京航空航天大学学报（社会科学版）》2011 年第 3 期，第 63-67 页。

律规范之间不得存在相互冲突、相互矛盾的情况，也不得存在明显的体系漏洞，对于不同类型的社会关系能够加以有效调整。这一要求同样适用于中国特色社会主义法律体系。对于自贸区建设给既有法律制度带来的体系效应同样值得关注。

从上海、广东、福建、天津等地自贸区建设的实践经验来看，自贸区内相关制度对于既有法律制度提出了许多新挑战、带来了很多新问题。例如，负面清单制背景下的外商投资审批制度是对既有三资企业法的"变革"、国家安全审查制度的深度和广度在既定制度框架基础上有所扩展、金融领域的创新改革已经突破了现行金融法制的规则框架、税收优惠对于既有税收法律制度也提出了挑战。对于自贸区内这些改革措施所造成的冲突和矛盾，必须通过适当方式对之加以协调。

对于自贸区建设实践需要而言，这些改革措施均具有正当性，但确实会带来和既有法律制度之间的冲突。在此背景下，有必要通过制定统一的"自贸区法"确认这些改革措施的合法性，同时使得这些改革措施的采纳不会影响到其他法律制度的有效实施。

"自贸区法"的制定在一定程度上是对既有法律制度进行了调整，使得部分法律规范在自贸区范围内获得变通实施，同时也确立了一些新型法律制度。但是，无论是既有法律规范的调整适用，还是新型法律规范的有效创设，均是为了使得我国法律制度的体系构造科学化、合理化，既消除法律漏洞的存在，又避免法律冲突的发生。[1]

（五）全球化竞争的基本要求

各国自贸区的设立本身即是贸易全球化的产物。我国在各地设立自贸区，也是在新形势下推进改革开放的重大举措，能够促进贸易投资便利

---

[1] 有学者从理论角度用法律体系"融贯化"概括了法律体系建构的基本要求。参见雷磊：《融贯性和法律体系的建构——兼论当代中国法律体系的融贯化》，《法学家》2012年第2期，第1—16页。

化，也可推动政府管理模式创新，对于我国扩大改革开放、参与全球竞争具有至关重要的意义。

设立自贸区的目标之一便是建立与国际接轨的外商投资管理体制。目前，随着外商投资准入"负面清单制"和"准入前国民待遇"的推行，自贸区内的外商投资准入制度已经较为完善。但是，对于负面清单制、国家安全审查、服务业开放等问题目前尚无明确的法律规范。对于外国投资者而言，如果这些改革措施不能通过明确立法加以规定，他们对于相关政策依然缺乏稳定预期。

在此情况下，统一的"自贸区法"的制定可以使得自贸区内各项改革举措稳定、公开、透明，外国投资者可以形成对相关制度的稳定信赖，进而可以有效开展各项投资。同时，"自贸区法"往往也会对自贸区内各类争议纠纷提供合理解决机制，此点对于外国投资者也是同样重要。在出现实践争议纠纷时，他们可以信赖"自贸区法"提供的纠纷解决机制，进而快速高效地处理相应问题。

在某种程度上可以说，各国自贸区的竞争也是背后法律制度的竞争。就提升我国自贸区国际竞争力而言，统一的"自贸区法"的制定将会发挥极其重要的作用。

二、统一的"自贸区法"的制度性框架

依据其他国家和地区自贸区法立法体系和我国已有的自贸区建设实践经验，我国未来统一的"自贸区法"应当侧重完善以下各个方面的制度，进而为我国自贸区建设提供全面规范指引。

（一）明确自贸区的设立条件

我国国务院虽然已经批准设立了上海、广东、福建、天津四个自贸区，但是在这些自贸区的总体方案中并未明确自贸区的设立条件。国务院也未发布专门法规对此问题加以规定。各地在申请新设自贸区时，虽均认为符合

自贸区申报条件，但是对于自贸区到底应当具备哪些条件也是语焉未详。①

在欠缺自贸区设立条件标准的情况下，地方政府对于自贸区的设立可能会陷入一种较为盲目而无所适从的状态。在自贸区的申报热潮下，一些连综合保税区条件都不符合的地域也开始准备申报自贸区。② 对于国务院来说，由于自贸区设立条件未能得到明确，其审批设立自贸区实际上也没有标准可以参照，最终哪些地方的自贸区设立申请能够获批也具有一定的主观性。③

为了克服上述问题，统一的"自贸区法"首先必须明确自贸区的设立条件，使得设立自贸区的申请标准得以确立。依据已有的实践经验，地方申请设立自贸区的基本条件包括以下几个方面：必须存在已经封关运作的综合保税区、自贸区所辖区域必须具有足够大的经济总量、自贸区的设立必须具有地方特色。④ 当然，在"自贸区法"立法过程中可以对自贸区的设立条件进行更为全面深入的探讨反思。

与此同时，统一的"自贸区法"需要对自贸区设立的审查机制、申请程序等加以规定。我国幅员辽阔，符合自贸区申请条件的地域数量较多，对于这些地域的自贸区设立申请到底采取"审批制"还是"注册制"也应予以明确。换言之，是不是符合条件的自贸区设立申请均能获批，还是国务院可以根据实践需要对自贸区设立申请采取适当控制（如合理限定数量、合理安排地域），这是统一的"自贸区法"需要解决的重点问题之一。

---

① 据不完全统计，在 2014 年各地方政府工作报告中，明确写到要申报自贸区的有 20 多个，这还不包括广西凭祥边境自由贸易合作试验区，长沙文化创意自由贸易区国家试点等。
② 以安徽提出的"合芜马自贸区"为例，合肥的综合保税区目前还在申请，芜湖和马鞍山则刚刚提出要申请综合保税区。
③ 据媒体报告，由于地方自贸区申报"一哄而上"，中央政府及主管领导对自贸区申报存在的问题"不甚满意"，愈演愈烈的自贸区申报热潮在 2014 年上半年曾经被紧急叫停，地方的申报材料并打回重新审查。
④ 这是新闻报道中商务部专家提出的自贸区设立必须满足的三个基本要求。参见是冬冬：《自贸区设立的三个基本要求》，《东方早报》2014 年 3 月 3 日，第 A23 版。

遵循行政程序法制的基本原理，对于地方设立自贸区的申请，《自贸区法》同样可以对国务院的受理、审查、批复等程序性事项施加限制性规定。

（二）明确自贸区的法律适用

从目前已设自贸区的实践经验来看，自贸区内的法律适用机制尚未得到应有的重视。实际上，自贸区的法律适用对于既有法律体系而言构成重大创新。举例而言，全国人大常委会授权国务院在自贸区内"暂停实施"三资企业法、文物保护法等法律，在立法史上也是一种重大改革尝试。[①] 对于特定法律在特定区域内的暂时停止适用，必须明确其法律性质、适用领域、适用程序等基本问题。此外，负面清单制的采纳、准国民待遇的授予、国家安全审查的重构、金融创新的安排、税收优惠的扩展等问题本质上也是属于法律适用问题，因为这些改革措施已在很大程度上改变了既有法律制度安排。从有利于推进自贸区改革的目的出发，自贸区内上述改革措施的推出均必须有法律规范的支撑，必须在现行法体系下获得正当性基础。[②]

因此，有必要通过统一的"自贸区法"对于自贸区的法律适用情况作出合理安排，为相关改革措施的推行提供法律规范基础。如上所述，外商投资准入负面清单制的推行使得原有三资企业法在自贸区内的适用受到挑战，自贸区内确立的外商投资准入"备案制"实际上已经完全改变了原有"核准制"制度，这一重大制度变革必须通过"自贸区法"确认其合法性，全国人大常委会授权相关法律暂停实施的做法需要制度化、规范化；自贸区内国家安全审查制度也必须在"自贸区法"层面获得确认，将审查范围、审查标准、审查程序等要素通过法律规范加以明确规定；对于自贸区内的税收优惠措施，也有必要按照"税收法定主义"的要求通过"自贸区法"

---

① 参见贺小勇：《上海自贸区：新一轮重大改革》，《法制日报》2013 年 9 月 10 日第 10 版；巩胜利：《上海自贸区要"暂停"哪些法律》，《财经界》2013 年第 9 期，第 98 页。

② 对于全国人大常委法律法规暂停实施授权机制的批判性反思参见傅蔚冈、蒋红珍：《上海自贸区设立与变法模式思考——以"暂停法律实施"的授权合法性为焦点》，《东方法学》2014 年第 1 期，第 98–104 页。

加以完善，使其既能反映自贸区改革特色，又不至于和既有税收立法相冲突；对于金融创新改革措施，可以通过"自贸区法"明确既有金融法律规范在自贸区内的例外适用，进而使得相关创新的推进有法可循。

统一的"自贸区法"对于自贸区内法律适用情况的妥当安排，既能保障各项创新改革措施的合法性，也能为各类实践争议的解决提供规范基础。

（三）负面清单制和国家安全审查制度

自贸区内最为核心的改革措施之一便是外商投资准入的负面清单制管理。对于外商投资实行准入前国民待遇加负面清单管理模式，对于外商投资准入特别管理措施之外领域的外商投资项目实行备案制。通过这些改革措施，可以扩大自贸区服务业和制造业的对外开放，提供自贸区的开放度和透明度。[①]

在上海市人民政府发布 2013 年版和 2014 年版"外商投资准入负面清单"之后，2015 年商务部发布了《自由贸易试验区外商投资准入特别管理措施（负面清单）》，列明了外商投资准入特别管理措施，并明确规定适用于上海、广东、福建、天津四个自贸区。值得肯定的是，商务部的 2015 年负面清单相比上海自贸区的 2014 年版负面清单缩减了 3 个门类，减少了17 个特别管理措施。

但是，最新版的"负面清单"也是由商务部拟定，就其法律性质而言依然为部门规章，其适用区域较为有限，特别管理措施依然较多。[②]尽管商务部可以依据实践需要不断修订进而扩张其适用范围、限缩其限制措施，但这种频繁变动可能并不利于吸引外商投资。基于提升影响力、确保稳定

[①] 对于负面清单制法律意义的深入阐释参见王利明：《负面清单管理模式与私法自治》，《中国法学》2014 年第 5 期，第 26—40 页；张淑芳：《负面清单管理模式的法治精神解读》，《政治与法律》2014 年第 2 期，第 11—18 页。

[②] 有学者对 2013 年版的负面清单提出了较多批评，这些批评意见同样可以适用于商务部的负面清单，尽管后者已经有所进步。参见商舒：《中国（上海）自由贸易试验区外资准入的负面清单》，《法学》2014 年第 1 期，第 28—35 页。

性的考虑，可以在"自贸区法"中对负面清单制作出较为详尽的规定，使得外商投资准入的负面清单制无须经过国务院特别授权、商务部修订适用范围等方式即可适用于新设的自贸区。同时，"自贸区法"立法时可以通过审慎选择将特别管理措施限制到最小范围，对于外商投资者而言这将为其投资行为提供稳定信赖。

与之相似的是，目前自贸区内的国家安全审查仅有 2015 年 4 月 8 日国务院办公厅印发的《自由贸易试验区外商投资国家安全审查试行办法》对之加以规范。这一文件法律效力层次较低、制度内容架构较粗，有待于依据实践需要不断加以完善。实际上，未来的"自贸区法"应当对国家安全审查制度作出完善规定，重点阐明国家安全审查的适用范围、审查标准、审查程序等问题，使得外商投资准入负面清单制的推行能够得到有效保障，使得国家安全审查这一重要制度能够"法治化"。

（四）金融创新和税制改革

在国务院发布的各地自贸区方案中，深化金融领域的开放创新是重点改革之一。其中，人民币资本项目可兑换、金融市场利率自由化、人民币跨境使用等成为了先行试点内容。金融服务业向民营资本开放、发展人民币离岸业务、推行与自贸区相适应的外汇管理体制等方面也得到了有效推进。国务院发布的各地自贸区总体方案还充分考虑了各地自贸区的实际情况，并且制定了具有地方特色的金融创新制度方案。[①]

需要承认，国务院在自贸区内推行的金融创新措施本身具有一定的前瞻性，在当下复杂的国际经济形势下对于推动我国金融体系改革具有积极意义。但是，各地自贸区方案中的金融创新措施在体系上、内容上并不完全一致，在缺乏具体操作性规定的情况下，各地自贸区在推进金融创新改

---

① 对于自贸区内金融改革深化的详尽介绍参见张新：《深化上海自贸区金融改革》，《中国金融》2015 年第 9 期，第 9-11 页。

革时也面临较多难题。

在此背景下，有必要制定统一的"自贸区法"，将自贸区内目前正在推行的金融创新改革进行体系化反思，通过法律规范明确界定可以推行的制度措施，同时协调好这些创新制度和既有《证券法》、《商业银行法》、《外汇管理条例》等法律、法规之间的关系。在此基础上，自贸区内的金融创新制度能够得到更加准确的界定，金融监管制度也能得到更为有效的建构，国务院也可以避免对新设自贸区的金融创新改革作出重复安排。

传统意义上的自贸区改革主要涉及税收制度的改革。换言之，在自贸区设立的企业可以享受多重税收优惠，海关等税收管理机构对于自贸区也实行特殊监管政策。在我国的自贸区建设实践中，自贸区的税收改革基本上是沿袭既有保税区税收优惠政策，并未有太多制度创新。在未来统一的"自贸区法"制定过程中，有必要依据既有实践经验重构自贸区税收制度，扩展税收优惠范围、扩大税收优惠力度，更为重要的是确保各种税收政策安排符合"税收法定主义"的基本要求。[①]

（五）管理体制和争议解决

在既有的自贸区方案中，国务院明确了自贸区的监管方案，并且授权地方政府组织实施，但并未明确规定自贸区的具体管理机构。从既有实践来看，国务院依然为全国各地自贸区的管理机关，地方政府在国务院的授权下推进自贸区建设的具体实施，其他政府部门对于自贸区建设提供指导和服务。由于当下自贸区尚处于试验阶段，这种管理体制有其合理之处。但是，随着自贸区在全国范围内的扩展，这种管理体制可能会逐渐显现其弊端。在统一的"自贸区法"框架下，有必要明确自贸区建设的具体管理机构，由其负责自贸区的批准设立、统筹管理等具体工作，同时加强对于

[①] 参见刘剑文：《法治财税视野下的上海自贸区改革之展开》，《法学论坛》2014 年第 3 期，第 86—94 页。

全国自贸区建设的战略规划、宏观指导，使各地自贸区建设能够有序推进。

在广东、福建、天津等地的自贸区总体方案中，特别提及了"探索建立金融消费者权益保护机制以及和解、调解、仲裁等金融纠纷司法替代性解决机制，建立调解与仲裁、诉讼的对接机制"。这种创新尝试无疑值得肯定，有利于金融创新改革背景下金融消费者权益的保护。但是，自贸区内的争议纠纷不限于金融消费者和金融机构之间，其他类型的争议纠纷可能也会频繁出现。建立与自贸区相适应的争议纠纷解决机制也是统一的"自贸区法"的任务之一。

自贸区内争议纠纷解决机制的完善需要充分考虑自贸区各类纠纷的特点。由于自贸区内各项制度改革均是重大创新，在一定程度上突破了原有法律制度。自贸区内相应争议纠纷往往也会产生出新类型、发生在新领域，自贸区的争议解决制度必须能够迅速回应这些新问题和新挑战。与此同时，自贸区的纠纷多发生在商事领域，相关主体通常希望纠纷能够迅速解决，同时他们的意思自治也能得到最大限度尊重，自贸区的纠纷解决机制也必须依据这些诉求作出相应调整（如健全调解制度、完善仲裁机制、优化司法程序等）。[①] 当然，更为具体的制度设计有赖于"自贸区法"立法机构的实证调研和理论探讨。

三、统一的"自贸区法"的特殊性考量

在制定我国统一的"自贸区法"时，也必须注意到我国自贸区建设的特殊性，而不可盲目模仿异域立法例。同时，"自贸区法"的相关制度构造必须充分体现自贸区建设的"中国特色"。

[①] 参见陈力：《上海自贸区投资争端解决机制的构建与创新》，《东方法学》2014 年第 3 期，第 97–105 页；袁杜娟：《上海自贸区仲裁纠纷解决机制的探索与创新》，《法学》2014 年第 9 期，第 28–34 页。

（一）自贸区建设对于当下中国经济社会改革的意义

通常而言，设立自贸区的目的在于吸引外商投资、扩大本国就业。对于发展中国家而言，引入自贸区制度主要旨在实现上述目标。这也是自贸区为何主要分布于拉丁美洲、非洲、亚洲等区域国家的主要原因。我国近年来设立的自贸区在一定程度上也以吸引外商投资为目的，这也是过去近 40 年改革开放政策的延续，而且也为外商投资的进入提供了更多的便利。

但是中国自贸区"试验"改革的目的不限于加大外商投资的引进，而是有着更为深远的价值意义。在某种程度上而言，自贸区的推出是中共中央、国务院试图重新厘定政府和市场关系的一种尝试。负面清单制的实施、企业设立流程的简化、市场监管方式的调整、金融创新改革的推出等在一定程度上均是为了限缩政府的权力，让市场机制更为有效地发挥作用。如果自贸区内的试验能够行之有效，这种新型市场运作机制、政府监管机制可能就会迅速向国内其他地区推广。[①] 自贸区体制下政府和市场关系的"新思维"是自贸区统一立法必须加以贯彻的重要方面。

此外，自贸区建设的意义也需要置于世界政治经济竞争新形势下加以理解。我国目前推出自贸区和改革开放之初推出经济特区等改革措施有所不同，彼时各项改革重在解决"引进投资"问题，当下制度创新除了优化经济产业结构、促进金融体制改革之外还有其他战略考虑。例如，通过自贸区改革推进人民币的国际化，在某种程度上重构国际金融体系，进而为全球经济的增长提供新动力。这也是自贸区立法需要重点考量的因素。

（二）"自贸区"与"经济特区"、"综合保税区"等的区别和联系

在推出自贸区之前，我国已经存在各种形式的"综合保税区"、"经济

---

① 对于政府和市场关系的深入理论思辨参见陈甦：《商法机制中政府与市场的功能定位》，《中国法学》2014 年第 5 期，第 41-59 页。

特区"等各种形式的改革特区。"综合保税区"的设立旨在确定特定区域由海关实施特殊监管，货物进出保税区可以免进口税、免许可证，外汇收入实行现汇管理、区内兑换；"经济特区"的设立旨在通过减免税收等措施吸引外资在区域内进行投资。这些特殊改革区域的存在对于中国经济的发展、社会的进步发挥了至关重要的作用。

从某种程度上来说，自贸区本身是在保税区等制度上发展而来，但自贸区制度并非是保税区基础上的简单地域扩展，而是在制度层面有所更新发展。自贸区的设立不仅仅是为吸引外商投资、实施特殊监管，而是强调商品贸易、服务贸易、金融服务的"综合制度创新"，已经超越了综合保税区、经济特区的一般做法。此外，为了推动人民币国际化，在自贸区内推行人民币资本项目可兑换、扩大人民币跨境适用等措施，这些制度创新也是综合保税区、经济特区改革时未曾采取的。①

就此而言，自贸区的时代使命和制度架构是全新的，"自贸区法"必须根据这些创新因素重构自贸区内的各项规则，使得自贸区既能吸纳保税区、经济特区的成功运作经验，又能根据实践需要推进各类创新改革。

（三）自贸区改革的核心着眼点和"自贸区法"的定位

从上文的分析可以看出，我国的自贸区建设并非仅是为了吸引外商投资、发展对外贸易。就其制度内容和创新程度而言，我国的自贸区建设还被赋予了其他多重使命。可以说，我国目前正在推行的自贸区试验又将是我国经济社会发展过程中的又一伟大改革尝试。

中国自贸区建设的核心着眼点在于重构政府和市场的关系，特别是强化市场在资源配置中的关键作用、限缩政府在经济运行中的干预范围。负面清单制的推行、通关便利化、利率市场化、汇率市场化、关税国际化等

---

① 参见罗宁：《从经济特区到自贸区看中国经济改革方向》，《证券时报》2013 年 9 月 16 日，第 A03 版；郭丹、王红茹：《从 4 个经济特区到 4 个自贸区》，《中国经济周刊》2014 年第 50 期，第 24~26 页。

改革措施一旦在自贸区内被证明为行之有效，就可能在全国范围内得到复制、推广。自贸区的各项创新将会经历从点到面进行扩展、从"试验化"到"制度化"进行转型、从外商投资延展到社会生活各个方面。[①]

因此，"自贸区法"不是一个纯粹的贸易立法，不能将其简单视作外商投资立法的组成部分。就其本质而言，"自贸区法"也是重要的市场经济立法、政府权力立法，其调整对象、制度内容、适用领域已经超越了单纯部门法的范畴，而是成为具有全局意义的宪法性法律。[②] 就此而言，"自贸区法"的制定也应受到高度重视，并且必须为政府和市场关系的重构作出全面的制度安排，进而充分保障自贸区内外"全局性改革"的开展。因此，制定一部完善的"自贸区法"对于自贸区建设这样的"全局性改革"也具有至关重要的意义。

（四）普遍性和特殊性：完善自贸区地方立法授权

由于中国幅员辽阔，各地自贸区建设均需考虑自身的区位优势和产业基础。事实上，各地在申报自贸区的过程中，也均是结合地方特色制作申报方案，自贸区内拟推行的各项制度也结合了地方经济社会发展的特殊性。在国务院已经发布的各地自贸区方案中，均是依据上海、广东、福建、天津等地的区位特征、产业优势、经济功能等因素确定改革措施。例如，广东自贸区重点在于促进粤港澳经济一体化发展；天津自贸区重点面向东北亚，并统筹京津冀协同发展；福建自贸区重点面向台湾，旨在实现海峡两岸更紧密的经济联系。

在未来统一的"自贸区法"的制定过程中，依然可以兼顾地方自贸区在这些方面的差异，并且提供针对性的应对机制。但是，统一的"自贸区法"重在规定自贸区内的一般性制度，不可能将地区自贸区需要推行的特

---

① 参见赵记伟：《上海自贸区的立法和制度创新》，《法人》2014年第7期，第23-24页。
② 关于宪法性法律的一般介绍参见马岭：《宪法性法律的性质界定》，《法律科学》2005年第1期，第28-36页。

殊制度全面纳入法律规范框架之下。为了解决这一问题，"自贸区法"中可以预留地方立法授权机制，授权地方人大、地方政府制定地方性法规、地方政府规章处理地方自贸区建设需要应对的特殊问题。①

当然，未来"自贸区法"必须对地方授权立法的运作提供有效指引和充分规范，使得地方授权立法的条件、程序等因素得以明确，使得地方自贸区立法既能符合"自贸区法"的原则要求，又能满足地方自贸区建设实际需要。

（五）"自贸区法"的自我完善机制

由于我国的自贸区建设尚处于起步阶段，自贸区内推行的各项改革措施尚在"试验"过程之中，这些改革措施是否适应自贸区建设的实践需要、是否可以在后续自贸区内加以推广均是需要继续观察。此外，随着中国自贸区建设范围的扩展、改革的深入，也会遇到越来越多的新问题和新挑战。

我国的"自贸区法"也必须充分考虑中国自贸区建设的"试验性"特征，在拟定法律规范确立各种制度时可以采取原则化、概况化的立法技术，使得自贸区法具有最大程度的适应性，既能全面调整自贸区各类争议问题，又能有效满足自贸区实际发展需要。而对于自贸区改革可能涉及的一些具体事项，特别是不同地域自贸区需要处理的特殊问题，则可以授权地方通过制定法规、制定规章、发布文件等形式确立具体规范。

同时，我国未来的"自贸区法"也必须根据实践需求不断加以完善。立法机构有必要定期组织对"自贸区法"的实施效果进行评价，及时发现"自贸区法"可能存在的规范冲突、体系漏洞等问题，并及时对相关问题进行针对研讨并提出完善建议。如果能够通过"体系内调整"（如扩大解释、

---

① 事实上，2014 年上海市已经开始了地方自贸区立法的尝试，例如，已经制定《上海自由贸易试验区条例（草案）》并提交审议，但是自贸区地方立法确实面临较多问题、存在一定难度。参见钱蓓：《"先行先试"如何符合"于法有据"》，《文汇报》2014 年 4 月 25 日第 005 版。

限缩解释、类推解释等）加以处理，有必要借助立法解释、司法解释等提出解决方案；当"自贸区法"原有规范制度确实不能适应自贸区建设实际需求时，立法机构必须对之加以修订，从"体系外完善"的视角增设新的法律规范调整相应争议。简而言之，"自贸区法"不是静态的，而是需要依据中国自贸区的改革实践不断加以调整完善。

结论

经由本文的阐释分析，我们可以认识到制定统一的"自贸区法"的必要性和可行性。从全面推进自贸区建设的实践需要出发，统一的"自贸区法"的制定时机已经成熟。统一的"自贸区法"的制定将使我国的自贸区建设充分纳入"法治化"轨道，自贸区内的各项改革创新将会得到更为有序的推进。

针对统一的"自贸区法"的具体制定，立法机构有必要全面总结既有自贸区建设的实践经验，同时对于自贸区内推行的各项制度进行更为深入的理论研讨和更为全面的制度研究，在此基础上形成相对完善的立法草案。同时，统一的"自贸区法"的制定必须遵循民主立法原则，可以通过听证会等形式听取社会各界的意见。

我国的自贸区建设对于深化改革开放具有至关重要的意义，统一的"自贸区法"的制定对于自贸区建设在全国范围内的推广扩展也有关键的引领价值。因此，必须深化对于统一的"自贸区法"的学术研讨并促成其尽快制定，这将具有重大的理论价值和现实意义。

附三　自由贸易试验区建设的法治保障

（本文最终发表于 2015 年 5 月 19 日新华社《经济参考报》第 08 版）
中国社会科学院法学研究所"上海自贸区建设的法治保障"课题组

自从 2013 年以来，我国分别在上海、广东、天津、福建设立自由贸易试验区，其他地区自由贸易试验区的设立也在规划酝酿之中。自由贸易试验区的设立是新形势下我国推进改革开放的重大举措，对于创新对外开放模式、加快政府职能转变具有至关重要的意义。

自贸区的建设必须要有完善的法治基础。在各地自贸区设立之后，全国人大、国务院、地方人大、地方人民政府等已经制定了大量的规范性文件，使得调整自贸区改革的制度规范体系得以初步确立。但是，这些既有规范制度依然不够完善，自贸区的制度创新和改革深化需要从法治视角提供更为完善的保障。

由于中国（上海）自由贸易试验区（以下简称"上海自贸区"）设立时间较早，在其建设过程中已经遇到理论挑战和实践难题，因此本文主要针对上海自贸区建设过程中已经出现的问题加以展开分析。随着广东、天津、福建等其他地区自贸区建设的逐步推进，本文提出的理论解释方案和制度完善建议对于相关问题的解决也有参考价值。此外，这些讨论对于未来统一《自由贸易区法》的制定也有借鉴意义。

一、上海自贸区内"法律法规暂停实施制度"的完善

依据 2013 年 8 月 30 日全国人大常委会通过的《全国人民代表大会常务委员会关于授权国务院在中国（上海）自由贸易试验区暂时调整有关法律规定的行政审批的决定》，在上海自贸区内暂时调整《外资企业法》、《中外

合资经营企业法》、《中外合作经营企业法》规定的有关行政审批。这种调整在三年内试行，对实践证明可行的，应当修改完善有关法律；对实践证明不宜调整的，恢复施行有关法律规定。此后，国务院、上海市人大常委会也依照这一决定的精神对有关行政法规、国务院文件、地方性法规的暂停实施作出了更为具体的规定。

随着上海自贸区改革的不断推进，需要"暂停实施"的法律法规可能会越来越多，部分已经"暂停实施"的法律法规也可能因实践需要重新恢复施行。因此，法律法规的"暂停实施"制度若想得到顺利推进，就必须合理界定法律法规"暂停实施"的法定条件和法定程序。在此基础上，上海自贸区的创新试验才能得到有序开展。

依据我国宪法和立法法的相关规定，法律、法规的"暂停实施"并不属于法律、法规的"废止"，而是为实现特定目的在特定区域内、特定时间内暂时停止发挥法律效力。这一问题属于立法学理论上和实践中的"新问题"。具体到上海自贸区改革而言，"暂停实施"的法律、法规必须符合《中国（上海）自由贸易试验区总体方案》的原则精神和具体要求，与此无关的法律、法规不得暂停实施。法律、法规"暂停实施"的其他实质性要件（如是否获得充分授权、有无超过授权范围）也值得深入研究。同时，全国人大常委会、国务院、上海市人大常委会在"暂时实施"法律、行政规范、地方性法规之时也必须履行特定程序（如采取审批、备案或请示等方式）。此外，上海自贸区内部分法律、法规的"暂停实施"是否会导致法律体系冲突或法律规范漏洞也是值得探讨的重要议题。

因此，有必要进一步完善上海自贸区内法律、法规的"暂停实施"制度，使其符合宪法、立法法及其他相关法律的规定，进而能够更好地促进上海自贸区的改革发展。

二、负面清单制背景下国家安全审查制度的完善

目前，上海自贸区内对于外商投资准入施行负面清单管理制度。对于负面清单之外的领域，按照内外资一致的管理原则，外商投资项目实行备案制，外商投资企业设立和变更实行备案管理；对于负面清单之内的领域，外商投资项目实行核准制，外商投资企业设立和变更实行审批管理。

2013 年版的《中国（上海）自由贸易试验区外商投资准入特别管理措施（负面清单）》列举的特别管理措施为 190 条，2014 年这一文件经过修订之后特别管理措施减少为 139 条。

在"负面清单管理"制度框架之下，外商投资准入从核准制变为备案制，外商投资者可以享受准入前国民待遇，这些措施的采纳是上海自贸区改革的关键内容。但是，这并不意味着必须放弃对于外商投资的国家安全审查制度。《中国（上海）自由贸易试验区总体方案》也提到需要"完善国家安全审查制度，在试验区内试点开展设计外资的国家安全审查，建构起安全高效的开放型经济体系"。

值得注意的是，我国虽然已有国家安全审查制度，但是主要针对外国投资者并购境内企业时所涉及的国家安全问题，而且审查标准较为原则化、抽象化，也缺乏具体的实施细则和配套条例。

随着上海自贸区内外商投资准入负面清单管理制度的推行，我国针对外商投资的国家安全审查制度必须及时加以重构，使其能够适应负面清单管理背景下备案制的新形势。例如，可以适当扩大审查范围、提升审查层次、明确审查标准、优化审查程序、提高审查效率等。2015 年 4 月 8 日国务院办公厅发布的《自由贸易试验区外商投资国家安全审查试行办法》对于上述内容虽然有所规定，但是依然有待依据实践需要加以调整优化。

国家安全审查制度的完善将有助于上海自贸区外商投资准入负面清单管理制度的优化，也将为我国建构与国际接轨的外商投资管理制度创造条

件。因此，有必要从法治视角深入研究负面清单管理框架下国家安全审查制度的改革完善问题。

三、上海自贸区内企业设立法制的完善

为了充分贯彻落实《中国（上海）自由贸易试验区总体方案》中有关"工商登记与商事登记制度改革相衔接，逐步优化登记流程"的规定，上海市工商行政管理局颁布了《关于中国（上海）自由贸易试验区企业登记管理的规定》，对于上海自贸区内企业设立的注册资本认缴制、"先证后照"登记制、年度报告公示制、外商投资企业广告项目备案等作出了具体规定。

实行注册资本认缴制之后，发起人股东对其认缴额度、出资方式、出资期限等因素可以自行约定并记载在公司章程之中，工商登记部门只登记全体股东认缴的注册资本但不登记实收资本。上海自贸区内的企业向工商部门申请登记并取得营业执照后即可从事一般生产经营活动，传统的企业年度检验制度改为企业年度报告公示制度，工商部门可以对年度报告内容进行抽查。同时，建立市场主体信用信息公示系统，对于有违法记录的市场主体及其相关责任人，工商部门可以采取有针对性的信用监管措施。

上述针对企业设立的创新措施也是上海自贸区实验改革的重要内容，有利于各种种类企业的便捷设立，这些实践探索也为随后的公司法变革提供了参照经验。

但是，上述改革措施依然需要从法制层面加以进一步完善。例如，实行注册资本认缴制之后认缴股东的权利和义务需要得到更为准确的界定；股东的权利不能因为认缴制的实施而"虚化"，股权应有的融资功能不能因之受到影响；企业年度报告公示制度实施之后，工商部门不能因为抽查活动而增加企业运营成本、谋求寻租腐败机会；工商部门对于市场主体采纳的信用监管措施必须依法有据，而且必须完善企业信用的动态监管制度。换言之，必须进一步完善上海自贸区内的商事登记管理制度，使得企

业设立运营更为便捷和高效。特别是对外商投资企业而言，完善的企业设立法制能够确保它们充分享受准入前国民待遇，进而使得上海自贸区的企业设立制度更趋于法治化、国际化。

四、上海自贸区内金融创新的法治支持

金融服务业的全面开放是上海自贸区改革的重点目标，深化金融领域的开放创新也需要全面的法治支持。

在上海自贸区内，金融服务业将向符合条件的民营资本和外资金融机构全面开放，新型国际交易平台将会逐步设立，创新金融市场产品将会日益出现。此外，在上海自贸区内人民币资本项目可兑换、金融市场利率市场化、人民币跨境使用等改革也会逐步启动，也会建立与之相适应的外汇管理体制。上海自贸区内的企业可以开展各种形式的境外投资，可以充分利用境内外两个市场、两种资源，充分实现跨境融资的自由化和便利化。

由于上海自贸区内的金融创新改革尚属于起步阶段，上述目标的实现需要法律、法规提供更为具体的指引。这些金融创新活动也需要得到监管机构更为审慎的监管。同时，司法机关也应加强对于各类金融机构合规经营活动的司法保护，依法保障各类跨境金融交易活动，稳妥审理涉及金融创新的各类纠纷案件，有效防范金融创新风险。

具体而言，对于上海自贸区内金融创新的法治支持体现为以下几个方面：

首先，利率市场化、人民币跨境使用、资本项下可兑换等改革措施均有可能造成金融体系系统性风险的产生，因此针对这些金融创新活动必须不断完善审慎监管框架，确立监管目标、明确监管机构、明晰监管职责、优化监管手段、协调监管冲突，进而使金融创新可能引发的任何系统风险均能得到有效防范。

其次，对于利率市场化等具体改革措施，必须厘清所涉主体之间的法

律关系并且通过制定具体的法律规范对其加以调整规范，使得相关金融创新改革能够得以有序推进。以利率市场化改革为例，有必要通过立法引导金融机构加强利率管理和风险控制，使得利率风险能够得到有效控制和应对。

最后，任何金融创新都会涉及投资者利益保护问题。上海自贸区内的上述金融改革创新措施也会对投资者权益产生深远影响，因此有必要通过完善投资者权益保护法律制度和司法机制进而更好地保护投资者合法权益。

五、上海自贸区内税收法制的更新完善

在上海自贸区内建设具有国际水准的投资和服务贸易体系，必须营造与之相适应的税收制度环境。上海自贸区内税收优惠政策的制定需要满足双重目的，既需要促进投资，又需要促进贸易。

根据《中国（上海）自由贸易试验区总体方案》的要求，上述税收优惠政策已经有所体现：对于注册在试验区内的企业或个人股东，对因资本重组行为而产生的资产评估增值部分可在不超过五年的期限内分期缴纳所得税；对以股权形式给予高端人才或紧缺人才的奖励，实行股权激励所得税分期纳税政策；试验区内注册的融资租赁企业或金融租赁公司的子公司纳入融资租赁出口退税试点范围。此外，对于特定内容的融资租赁、航运服务等也提供了税收优惠措施。

就目前上海自贸区的税收优惠实践而言，上述优惠政策的涉及范围较为有限，税收优惠的广度和深度依然有待拓展。因此，有必要从税收法制完善的视角进一步探讨上海自贸区内税法制度的变革与重构，进而探索出与试验区相配套的成熟税收制度。例如，扩展税收优惠范围、加大税收优惠幅度、优化税收征管程序。当然，税收优惠的安排也需遵循法定条件和法定程序，同时遵守相关国际税收协定的要求。

六、上海自贸区内法律争议解决机制的优化

上海自贸区的改革以扩大投资领域开放、加快政府职能转变、推进贸易发展方式转变、深化金融开放创新等内容为主要目标，这些目标能否顺利实现也和是否存在与之相适应的高效法律争议解决机制密切相关。

为了更好地解决上海自贸区内的各类法律争议，人民法院、仲裁机构等已经做了有益的尝试。上海市高级人民法院、上海市第一中级人民法院、上海市浦东新区人民法院分别发布了《上海法院服务保障中国（上海）自由贸易试验区建设的意见》、《涉中国（上海）自由贸易试验区案件审判指引》、《关于进一步推进司法服务保障中国（上海）自由贸易试验区建设的意见》等文件，要求各级法院必须充分发挥化解矛盾纠纷、支持改革创新、营造法治环境的职能作用，并对上海自贸区的司法保障工作提出了具体要求。上海国际经济贸易仲裁委员会也制定发布了《中国（上海）自贸区仲裁规则》，完善了上海自贸区内的仲裁程序和仲裁规则，特别提出了仲裁和调解相结合的纠纷解决方式。这些文件的颁布使得上海自贸区内多元化的争端解决机制得以初步建立。

但是，仅有上述措施是远远不够的，上海自贸区内的争端解决机制需要进一步的优化和完善。理论界更是有必要对上海自贸区内争端解决的法律适用、多元机制、程序优化、国际接轨等问题进行更为深入的思考，以便为相应制度的完善提供更为具体的方案。例如，建立专门的商事争议调解机构、强化争议当事人的意思自治、优化商事仲裁和司法诉讼的效率、提高法律工作人员素质、引入国外专业仲裁机构。在此基础上，上海自贸区内的各类法律争议才能得到更快更好的解决，上海自贸区的商业运营环境才能更为法治化、国际化。

上海自贸区金融监管体制的
建构和优化

陈　甦　陈　洁　夏小雄　著

一 导 论

（一）我国经济社会发展现状以及金融业发展之概况

党的十八大以来，中共中央、国务院"审时度势"，在上海、广东、福建、天津、重庆、湖北、辽宁、浙江、四川、陕西、河南等地逐步开展"自由贸易试验区"（以下简称"自贸区"）的改革创新。自贸区的推出是我国改革开放政策不断深化的结果，是中共中央、国务院在新形势下全面深化改革的重大举措，其核心旨在调整好市场和政府的关系，在自贸区体制机制内，实现"使市场在资源配置中起决定性作用和更好发挥政府作用"。

如果要深入理解我国当前的自贸区及其金融改革的重要性，就必须具备历史性视野和系统性思维，而不能局限于"自贸区"概念的字面含义来限缩观察的视阈和思考的范围。首先，在历史性视野上，必须把自贸区这一事务置入到我国改革开放以来的经济社会发展背景之中，不仅需要了解改革开放以来经济社会发展和金融体系改革的巨大成就，而且应当分析市场经济改革发展进入"深水区"之后所面临的问题和挑战，由此把握分析解决自贸区运行中的任务或问题的历史感与现实性。其次，在系统性思维上，必须把自贸区体制机制植入整个社会主义市场经济体制机制中，使观察到或设想出的自贸区体制机制能够与整个社会主义市场经济体制机制有机结合，在结构上相吻合，在功能上相促进，在运行上相协调。只有在此预设场景与思路下，才可以深刻理解中共中央和国务院推出自贸区制度的必要性与重要性，也才能理解在自贸区内深化金融改革所发挥的重要战略功能。

1. 改革开放不断取得新成就趋势下面临的新问题与新任务

在中国改革开放取得重大成就的当前阶段，自贸区作为一种战略性的改革试点措施得以提出并迅速向纵深实施，具有改革进程上的必然性。因此，对于自贸区功能地位和制度机制的思考与建议，必须纳入改革开放近40 年的经济社会发展图景之下。

自从 1978 年中共十一届三中全会确立改革开放的伟大历史决策以来，我国经济社会发展开启了新的历史阶段。中共中央领导全国人民锐意推进经济体制、政治体制、文化体制、社会体制、生态文明体制等各方面的改革建设，取得了举世瞩目的成就，开创和发展了中国特色社会主义，使我国成功实现了从高度集中统一的计划经济体制向充满活力的社会主义市场经济体制的伟大历史转折。具体而言，我国已经建立并逐步完善社会主义市场经济体制，在农村建立了以家庭承包经营为基础、统分结合的农村双层经营体制，不断深化国有企业改革，不断扩大对外开放，毫不动摇地巩固和发展公有制经济，坚持公有制主体地位，发挥国有经济主导作用，不断增强国有经济活力、控制力、影响力；毫不动摇地鼓励、支持、引导非公有制经济发展，激发非公有制经济活力和创造力。迄今已经形成并不断巩固以公有制为主体、多种所有制经济共同发展的基本经济制度，确立并不断完善以按劳分配为主体、多种分配方式并存的分配制度，建构并不断协调在国家宏观调控下市场对资源配置发挥基础性作用的经济管理制度。从 1978 年到 2016 年，我国国内生产总值由 3645 亿元增长到 74.41 万亿元，经济总量上升为世界第二，主要农产品和工业品产量已居世界第一，具有世界先进水平的重大科技创新成果不断涌现。我国也在不断扩大对外开放的水平，使我国经济社会发展成功实现了从封闭半封闭的状态向全方位开放的伟大历史转折。从建立经济特区到开放沿海、沿江、沿边、内陆地区再到加入世界贸易组织，从大规模"引进来"到大踏步"走出去"，利用国际国内两个市场、两种资源的水平显著提高，国际竞争力不断增强。[①]

尽管已经取得了上述显著成就，但是我国经济社会发展依然存在较多问题，并且是经过改革之刃剔除之后余下的体制性机制性重大或艰难问题，以致在一定程度上甚至可以说，正是这些问题的存在而使改革开放已经进入"攻坚期"和"深水区"。具体而言，主要表现在以下几个方面：一是经过近 40 年的改革，绝大多数经济社会发展难题已经得到有效解决，遗留下来的且尚未得到妥当解决的恰恰属于疑难问题，它们对于未来经济社会深化发展构成严重阻碍；二是这些疑难问题的处理往往涉及重大利益关系的调整，可能会对既得利益阶层构成严重影响，因而相应的改革往往会遭受较大的阻力；三是这些问题本身属于深层次的矛盾和困难，通过常规方法往往不能得到有效解决，必须通过体制创新等新型手段方法才能有效加以解决。[②]按照十八届三中全会精神，今后要"紧紧围绕使市场在资源配置中起决定性作用深化经济体制改革，坚持和完善基本经济制度，加快完善现代市场体系、宏观调控体系、开放型经济体系，加快转变经济发展方式，加快建设创新型国家，推动经济更有效率、更加公平、更可持续发展"。

就市场经济发展而言，受制于多方面因素的影响，我国的现代性市场体系尚不够完善，市场在资源配置中的决定性作用尚未得到完全充分发挥，资源配置的效率性和公平性依然有待提高，一些长期存在且影响市场经济深化发展的壁垒因素尚待根本破除。目前在市场准入领域依然存在较多限制性门槛，市场规则有待于向公开、开放、透明的方向进一步加以完善，营商环境的法治化水平也需要提高。与市场经济体制相适应的市场监

[①] 参见胡锦涛：《在纪念党的十一届三中全会召开 30 周年大会上的讲话》，《求是》2008 年第 24 期。

[②] 参见李含琳：《准确领会"改革进入攻坚期和深水区"的内涵》，《社科纵横》2014 年第 2 期。

管体系也有待完善，各类影响全国统一市场和公平竞争的障碍因素需要清理和废除。对于各类违反诚实信用原则的市场行为需要加以有效惩戒，并逐步建立健全社会征信体系。就行政管理体制而言，我国当下的行政管理制度也依然存在较多问题。在新的历史背景下，必须深化行政体制改革，创新行政管理方式，切实转变政府职能，增强政府的公信力和执行力，建设法治服务型政府。特别是需要进一步深化行政审批制度改革，强化简政放权的改革，最大限度地减少各级政府对微观事务的管理，对于市场机制能够有效调节的事项原则上取消行政审批、交给市场管理，同时加强事中事后监管，确保市场秩序稳定和经济社会发展。

改革开放近 40 年来的经验及其规律性表明，改革事业不仅是对象的改革，也是改革事业自身的改革。就当前的改革态势而言，一是改革居于其中的体制机制环境发生了根本性的变化，二是改革任务的重点与难点发生了重大变化，三是改革的价值取向逐渐呈现多元一体的特征，四是改革自身能力建设有了质变性质的提高，五是改革有序进行需要对改革的全程控制。因此，随着改革实践的深入和改革经验的积累，用法治引领和规范改革，是重构改革形态与改革秩序的必然选择。[①] 这种改革理念、改革方式和改革机制的变化，不仅对自贸区改革与建设的过程产生重大影响，对于作为自贸区改革与建设重点的金融体制机制改革与建设甚至产生更为重大的影响。

2. 我国金融业发展成就及其困境

经过改革开放以来近 40 年的发展，我国的金融市场及其相关制度体系也随着经济社会的发展进步而不断完善优化，积极发挥对于实体经济的金融支持作用，总体上实现了金融事业在我国市场体系中的应有功能。

具体而言，我国的金融体系建设取得了如下成就：

---

① 参见陈甦：《构建法治引领和规范改革的新常态》，《法学研究》2014 年第 6 期。

一是金融组织机构体系不断健全和完善。目前来说，我国已经基本确立了以商业银行、证券公司、保险公司、信托公司以及其他金融机构为主体的金融组织体系。近年来，新兴的大数据金融、互联网金融等新金融形式也得到了充分的发展，对于传统金融组织体系构成了具有积极创新意义的有效补充。

二是建立了多层次的金融市场体系。伴随着社会主义市场经济体制的逐步确立，中国的金融市场体系也得到了丰富和发展，目前已经形成了较为完备的货币市场、资本市场、保险市场、外汇市场体系，对于社会主义市场经济的迅速发展和有序运行起到了重要作用。

三是建立了与社会主义市场经济体制相适应的金融宏观调控体系。在金融业实行分业经营的背景下，我国也确立了分业监管的金融监管体系，由银监会、证监会、保监会分别对银行业、证券业、保险业进行分业监管，中国人民银行则继续行使中央银行的职能。

四是建立了与社会主义市场经济体制相适应的外汇管理体系。经过长期的探索实践，我国基本确立了在市场汇率基础上的、以"人民币经常项目可兑换、资本项目外汇管制"为特征的外汇管理体制。对于经常项目的外汇管理重点是对交易的真实性进行审核，主要是事后监管、间接管理的模式。对于人民币资本项目则实施一定程度的管制，当然，这种管制并非针对所有的资本项目，事实上对于资本项目的管制也处在不断放松的过程之中。

五是确立了与社会主义市场经济体制相适应的金融法制体系。经过立法机构的不断努力，我国不仅确立了适应社会主义市场经济体制内在要求的民商法律体系，而且也制定了《人民银行法》、《商业银行法》、《证券法》、《保险法》、《票据法》、《信托法》等直接规范调整金融活动的法律，使得我国金融业的发展也纳入法治化的轨道。[①]

改革开放以来我国的金融监管制度体系也逐步完善。特别是在 1997 年亚洲金融危机后，我国的金融监管取得了长足进步，逐步形成了人民银行主要负责宏观调控、金融改革、金融市场发展和金融稳定，银监会、证监会、保监会分别负责银行业、证券业、保险业微观监管的分业监管格局，金融监管法律法规日臻完善，监管方式和手段不断改进，金融风险的监测、评估和处置机制逐步健全，金融监管专业化水平和有效性大幅提升，对维护金融体系安全稳定、保护金融消费者合法权益、创造公平竞争的金融市场环境发挥了重要保障作用。[②]

但是，就目前金融业的发展状况以及社会主义市场经济深化发展对于金融业的需求来看，我国的金融业和金融法制也依然面临较多问题和严峻挑战，需要继续推进改革和加强建设。从根本上来看，我国目前金融体系效率低下的根本原因，在于经济发展方式的不够合理以及居于其中的金融制度体系发展得不够完善。

具体而言，我国的金融制度体系依然存在以下困境：

一是金融资源配置效率低下。目前我国的储蓄—投资转化率依然较低，大量的资金以储蓄的形式沉淀在银行体系内，未能有效转化为生产性资金，在一定程度上造成了金融资源配置上的低效率和金融资产的浪费。

二是金融融资结构存在扭曲。目前我国直接融资和间接融资的比例严重失衡，间接融资的比例过高，金融体系风险集中于银行体系之中，在一定程度上制约了经济的持续健康发展。

三是直接融资体系结构失衡。即使就直接融资而言，我国的股票市场

① 参见李扬：《中国金融改革开放 30 年：历程、成就和进一步发展》，《财贸经济》2008 年第 11 期；周厚杰：《中国金融业改革 30 年硕果累累》，《金融时报》2014 年 10 月 1 日第 4 版。
② 参见胡滨：《中国金融监管体制的特征与发展》，《中国金融》2012 年第 9 期。

和债券市场的发展也不平衡，债券市场的发展滞后于股票市场的发展，长期存在市场体系分割、规则存在差异、监管标准不同等问题。

四是金融体系风险较为严重。特别是随着近年来金融控股公司、跨市场金融产品、互联网金融产品的兴起，局部性、短期性、机构性的金融风险因素不断出现。在金融基础设施和金融风险监控不够完善的基础下，这些风险因素没有得到足够重视和有效化解。如果放任其累积，就有可能引发系统性风险危机。

在新的经济社会发展时代背景下，为确保社会主义市场经济体系的有效建构和有序运行，必须进一步完善金融市场体系，扩大金融业的对内对外开放水平。必须以改革创新为先导，积极推进多层次资本市场体系建设，诸如推进股票发行注册制改革，推动多渠道股权融资建设，进一步发展并规范债券市场建设，提高直接融资的比重。根据科技创新的要求发展普惠金融，推进金融创新，丰富金融市场的产品结构和体系层次。同时在经济全球化和我国坚持扩大对外开放的趋势下，必须进一步完善人民币汇率市场化机制，加快推进利率市场化改革，推动资本市场的双向开放程度，加快实现人民币资本项目可兑换，有序提高跨境资本的流动，逐步建立健全宏观审慎监管框架下的外债和资本流动管理体系。

当然，以上方面的金融体制机制改革和金融监管制度的优化必须紧密联系在一起，因为两者是同一金融市场体系中的机制性共同存在。在全面深化改革的战略布局和历史背景下，必须进一步创新和落实金融监管改革措施，完善金融监管协调机制，强化金融基础设施建设，保障金融市场的高效安全运行和整体稳定，有效防范金融系统性风险的出现，确保有效支持包括实体经济在内和整个市场经济有效且有序地运行。

（二）自贸区制度试验的重要性及其法治保障

在我国的市场经济发展面临如此之多"深层次"困难的情况下，中共中央、国务院作出了开展自贸区建设试验的重大战略决策。这是我国新时期、新形势下继续推进改革开放的重大举措，对于加快政府职能转变、积极探索管理模式创新、促进贸易和投资便利化具有重要意义，为全面深化改革和扩大开放探索新途径、积累新经验。

1. 自贸区制度试验的重要意义

（1）自贸区的改革试验是全面深化改革的必然要求。中共中央十八届三中全会通过了《中共中央关于全面深化改革若干重大问题的决定》（以下简称"深化改革决定"），强调要把经济体制改革作为深化改革的重点，使市场在资源配置中能够发挥决定性作用。同时，要求深化行政体制改革、创新行政管理方式，加快政府职能转变，增强政府的公信力和执行力，更好发挥政府作用。此外，"深化改革决定"也强调了我国必须扩大开放合作，扩大同各国各地区的利益汇合，构建开放型经济新体制。自贸区的强力推出便是顺应了全面深化改革的时代要求，拓展了进一步对外开放的改革领域和实践视野。

（2）自贸区的试验是政府简政放权的应然体现。由于历史传统和经验定式的影响，我国的政府管理制度的效能与成熟市场经济体制的要求之间依然存在较大差距，强大的政府权限、烦琐的行政程序、宽泛的行政审批、强势的行政干预等因素，已经限制了市场经济的发展空间和运行活力。在此背景下，国务院按照全面深化改革和全面推进依法治国相结合的改革逻辑，力推进一步"简政放权"的改革，减少行政审批、限缩政府权力已经成为重点改革方向。在上海自贸区内，力推以弱化审批权限、强化市场监管为内容的行政体制变革，并在相关制度经验成熟之后再向全国推广。这既是政府简政放权改革的应然体现，更是我国改革能力提高、改革路径改善、改革质量优化的具体表现。

（3）自贸区的试验是全球经济竞争的迫切需要。近年来，我国的外商投资和对外投资也面临越来越多的新问题，既有的投资管理制度和对外投资制度已经不能适应新时代的经济社会发展需要。随着中国经济发展的转型和全球经济竞争的深化，中国需要在世界经济政治秩序格局中扮演越来越重要的角色、发挥越来越重要的作用。为达致这一目标，人民币的国际化、金融利率市场化等都是全球经济竞争背景下中国必然的战略选择。上海自贸区的推出就是为了实现上述目的而采取的重要措施，从而使得我国的经济发展能够更好地适应全球经济发展的新形势，使对内对外开放相互促进、"引进来"和"走出去"更好地结合，进而加快培育国际经济合作竞争新优势。

2. 自贸区建设的法治依赖

与其他国家自贸区有所不同，上海自贸区的建设不只涉及招商引资和贸易开放的问题，而是同时包含政府职能转变、监管制度调整、金融创新改革等更多全方位、深层次的命题。从根本上说，上海自贸区建设是在中国特色社会主义市场经济体制下和社会主义法治体系中，通过运行实态机制的试点实践，为市场与政府关系建构实验模型、筛选最优方案、塑型最佳模式。上海自贸区作为全国自贸区建设的"试验田"和"桥头堡"，其实践经验不仅对于其他地区自贸区的建设具有示范价值，而且对于未来全国范围内推行的深化改革、扩大开放和建构结构合理、功能有效的市场与政府关系等相关重大举措，也有以点带面、以面构体的系统更新牵动效应。[1]

"社会主义市场经济本质上是法治经济。"中国特色社会主义市场经济体制和社会主义法治体系，既是上海自贸区建设的社会环境系统，也是上海自贸区建设内在的体制机制要素。为了确保上海自贸区的各项改革创新有序推进，必须正确处理深化改革与完善法治之间的关系，从法治视角建构和完善各项制度体系，既为自贸区试验预设提供充分的引领，又对自贸

---

[1] 此部分的观点和内容主要来自陈甦、罗东川、夏小雄在 2015 年完成的课题研究报告《中国（上海）自由贸易试验区建设的法治保障》。

区建设活动加以有效的规范，还要对自贸区建设的经验成果加以切实的保障。上海自贸区在"先行先试"的过程中，必须要有完善的法治保障机制，并着力为此培育一个法治化、国际化的营商环境。从这方面来讲，上海自贸区的改革实践实际上也对我国的法治建设开发了新领域、提出了新挑战、走出了新路子。

改革必须纳入法治的轨道，受到法治的规范和引领，这是现代社会发展的基本要求，也是我国改革开放事业发展到当今时代而形成的对改革水平与改革质量的高度要求。立法机构在此情形下，可以根据改革创新的实践需要进行"创造性"立法，通过多种形式协调好改革创新措施的合法性保障问题。自贸区改革中形成的制度体系，需要通过严格的依法行政包括执法活动予以实现和落实。自贸区范围内法律秩序的形成，也必须有完善的司法加以支撑。改革推进的过程中难免会遇到各种实践难题，规范和引领自贸区的法律规则在应对这些问题时可能也会存在规范漏洞，在此情形下，必须通过法官的能动司法妥当处理争议问题、发展法律续造规则，进而确保改革创新的稳步推进。

具体到上海自贸区改革而言，任何改革措施的推出都必须符合"法治"基本要求，不存在脱离或超越"法治"制度框架的改革形式。特别是对于那些可能会和既有法律发生冲突的改革措施，必须通过调整法律或制定新法的方式保证其合法性。强调改革的合法有序性，并不是限制改革的主动性与效率性；而是对改革的能力和改革的效益提出更高的要求。在上海自贸区改革过程中，能否以法治引领、规范和保障改革，以充分有效地实现自贸区建设的改革效益，是上海市改革能力与改革质量有质的飞跃的具体展现与重大机遇。

具体而言，要做好以下四个方面的工作：一是确保"实现立法和改革决策相衔接，做到重大改革于法有据、立法主动适应改革和经济社会发展需要"。二是确保创新改革措施科学制定、稳妥实施和及时评估，对其中经

"实践证明行之有效的，要及时上升为法律"，并和其他法律、法规保持协调一致，避免出现规范冲突、矛盾情形。三是确保上海自贸区的行政体制和监管制度既能够有效贯彻"简政放权"的要求，又符合行政法治的基本要求；既能有效实现行政监管目标，又能充分保障行政相对人权益。四是确保上海自贸区的司法体制能够积极回应自贸区建设的实践需要，但又不超越我国既有的司法制度框架，不减损深化改革所应有的法治价值。①

(三) 自贸区金融改革的必要性及其路径方向

1. 中国金融体制改革的主要任务

如同上文所述，当下中国金融制度体系也面临较多深层次的改革难题，需要通过不断地深化创新改革来应对面临的挑战，以便金融能够更好地服务包括实体经济在内的整个市场经济，发展并促进经济转型升级，确保"创新、协调、绿色、开放、共享"的发展理念得到有效贯彻，进而最终促进中国金融业发展新格局的形成。具体而言，中国金融体制改革在未来很长的一段时间之内需要着力解决以下几个问题。

（1）构建结构平衡、可持续的金融体系。我国需要积极培育公开透明、健康发展的资本市场，提高直接融资比重，建设直接融资和间接融资协调发展的金融市场体系。着力加强多层次资本市场投融资功能，优化企业融资结构，提高直接融资特别是股权融资的比重。推进股票和债券发行制度改革，强化以信息披露为中心的监管机制，减少监管部门对于发行人资质的实质性审核和价值判断。

既要降低金融市场进入门槛，提高金融市场的成长效率，以强化金融市场的自由性，又要维护和强化金融市场秩序，提高金融市场的运行质量，确保金融市场信号的真实性。要实现这两个金融市场建设目标的有机

---

① 参见沈国明：《法治创新：建设上海自贸区的基本要求》，《东方法学》2013 年第 6 期。

结合，就必须强化事中事后监管，切实保护金融市场投资者的合法权益。

在实现金融市场结构平衡上，包括"所有制平衡"。因此要扩大民间资本进入金融业的"管道"，拓宽民间资本的投融资通道，充分发挥民间资本的积极作用，在改善监管的前提下，适当降低民营资本进入金融业的准入门槛，进而构建产权协调、有效竞争的金融服务体系。

在以金融创新来实现金融市场持续发展方面，要规范发展以互联网企业为代表的新型金融业态，构建传统金融机构和新型金融机构协调发展的金融体系。顺应信息技术发展趋势，支持并规范互联网金融发展，鼓励大数据金融、互联网支付、互联网众筹等业务的开展。

（2）构建双向开放的新金融体制。我国需要有序扩大金融服务业对外开放，全面推进准入前国民待遇和负面清单管理制度改革。推进资本市场双向开放，提升股票、债券市场的对外开放程度，扩大境外机构参与债券投资的范围和规模，放宽境外机构境内发行人民币债券的限制，逐步建立与国际金融市场相适应的会计准则、法律法规，提升金融市场国际化水平。

金融市场对外开发的重要目标与措施之一，就是要有序实现人民币资本项目可兑换。为此，应当转变外汇管理和使用方式，逐步放宽境外投资汇兑限制，允许更多符合条件的境外机构在境内市场融资，加强对于跨境资本流动的监测，加强宏观审慎管理，推动建立多元化的全球金融框架。

要实现金融力量"走出去"战略，推动人民币成为可兑换、可自由使用的货币，强化人民币的国际性属性。中国要积极参与全球治理，包括积极参与国际金融市场治理结构，推动国际货币体系和国际金融监管改革，提高我国在全球金融治理体系下的话语权和影响力。

（3）强化金融监管，实现金融治理体系和治理能力的现代化。充分借鉴国际金融监管改革经验，强化宏观审慎监管制度建设，建构宏观审慎与微观审慎相互补充，货币政策与审慎管理统一协调的金融监管体制。加强对于系统重要性金融机构、金融基础设施的宏观审慎管理。强化综合监管思维，实现金融业务的全覆盖监管，尤其是对跨市场、跨行业的交叉性金融业务进行全面监管，建构统一的货币支付清算、金融产品登记等数据监管平台，有效防范系统性金融风险的发生。[①]

2. 自贸区金融改革的必要性

然而，金融体系的改革具有全局性、整体性、系统性、敏感性的特征，是整个市场体系中改革难度最大、改革措施最为敏感的领域。在金融市场运行体系中，金融改革措施具有强烈的信号价值，并具有很高的传递性和联动性。如果需要对其任何一个微小的方面进行改革，都可能产生"牵一发而动全身"的效果，而且这一效果可以迅速体现，以至于改革方案中对改革措施效果的任何一个细小忽略，就可能对决策者造成措手不及的被动局面，2016 年证券市场上"熔断机制"的实施与撤销，就是一个明显的例子。因此，金融体系的改革必须谨慎，当下中国金融改革也需坚持这一逻辑，不能因为金融创新改革的刻意推进而影响金融体系的安全和金融秩序的稳定。

在此背景下，必须通过创新金融改革机制才能有效实现深化改革的目的，通过自贸区试验，可以实现"局部先行改革、整体推广复制"的改革目的。依据中共中央、国务院的部署，自贸区改革的核心在于形成可推广、可复制的改革经验，并在全国范围内进一步推广复制，从整体上促进金融创新工作的推进。

为了实现上述改革目标，从上海自贸区设立以来，中共中央、国务院就对上海自贸区的金融改革创新进行了全面部署，并且已经积累了较为丰富的改革经验。

具体来说，自从 2013 年 9 月底上海自贸区成立以来，上海自贸区金融

---

① 更为详尽的内容参见《中华人民共和国国民经济社会发展规划第十三个五年规划纲要》。

改革大致经历了如下四个主要阶段：

一是 2013 年 9 月以来，"一行三会"相继出台支持自贸区建设的 51 条意见，为自贸区金融改革勾勒出总体框架。其中人民银行的 30 条意见涉及自由贸易账户体系、资本项目可兑换、利率市场化、人民币跨境使用、外汇管理体制改革、风险管理六方面内容。银监会的 8 条措施主要是支持中外资银行入区经营发展，支持民间资本进入区内银行业，证监会的 5 条措施旨在深化资本市场改革，提升我国资本市场对外开放度；保监会的 8 项措施侧重于完善保险市场体系，促进功能型保险机构的聚集。

二是在 2014 年 5 月份建立自由贸易（FT）账户系统，将自贸区区内、区外、境外三个市场链接，银行、证券、保险等金融机构和企业均可以接入这个系统，实现了境内、境外账户自由划转，为贸易和投资便利化金融改革奠定了基础。

三是基于自贸区账户体系的本、外币境外融资全面放开，并取消前置审批，依托 FT 账户进行事中、事后监管，建立了宏观审慎的本外币全口径境外融资管理制度。

四是在 2016 年公布金融改革 40 条，通过更为全面深入的改革措施，进一步引领自贸区金融改革全方位推进。

经过三年多的改革尝试，上海自贸区在资本项目可兑换、利率市场化、跨境人民币业务、外汇管理、简政放权、以自由贸易账户为核心的风险管理体系等方面，均取得了良好的成绩，为我国其他地区自贸区和全国范围内的金融改革创新积累了经验。一些创新性金融制度已在全国范围内得到推广。[①]

[①] 对于上海自贸区金融改革情况的基本介绍，参见张新：《深化上海自贸区金融改革》，《中国金融》2015 年第 9 期。

(四) 国际金融中心建设与上海自贸区金融改革

要充分认识和有效实现上海自贸区金融改革及其监管创新的重要性，还必须同上海国际金融中心建设紧密联系起来。因为后者既是前者的目标选择，也是前者的环境存在。

上海在我国的经济发展版图中长期占据着重要的地位，特别是就金融发展而言，上海更是具备了良好的发展基础和发展优势。长期以来，中共中央和国务院也赋予了上海市建设成为国际金融中心的使命，其中 1992 年召开的中共十四大就确定了建设上海国际金融中心的国家战略，随后又对上海国际金融中心建设作出了一系列战略部署。[①]

近年来，上海国际金融中心建设也取得了显著成果。比如越来越多的外资金融机构在上海聚集并广泛参与金融市场业务，上海已经成为高级金融人才的聚集区，上海境内金融机构的海外投资长期领先。但与发达国家国际金融中心城市相比，在金融市场的体系构成、制度环境、发展程度、创新能力等方面，上海国际金融中心的市场建设特别是相关制度建设依然存在较大差距。具体而言，这些差距和不足主要体现在以下几个方面：一是金融基础设施建设不够完善，金融业发展基础环境有待优化，特别是金融法制和税收制度需要进一步的优化完善；二是人民币尚未成为国际化货币，人民币资本项目兑换依然受到相当程度的限制，跨境资本流动依然存在约束，不利于跨国金融交易和跨国资本流动的开展；三是金融市场国际化程度不足，境外投资者数量依然较为有限，国内资本市场对于境外金融机构、企业的开放力度也较为有限。[②]

为了强化上海的国际金融中心地位，上海市正在着力推进相应的战略规划和制度建设工作。以上海正在制定上海国际金融中心建设"十三五"规划为例，该规划确定的总体目标是：到 2020 年，将上海市基本建成与我国经济实力以及人民币国际地位相适应的国际金融中心，迈入全球金融中心前列。

上海"十三五"建设全球金融中心的规划包括以下内容：加快人民币产品市场建设、拓展金融市场开放度、提升金融机构体系活力、优化金融中心发展环境。

围绕人民币产品市场建设，在"十三五"期间，上海将以打造全球人民币基准价格形成中心、资产定价中心和支付清算中心为目标，提升人民币产品市场规模和影响力。基本建成功能完备、实时高效、风险可控的全球人民币跨境支付清算体系。扩大跨境人民币融资渠道和规模，拓宽境外人民币投资回流渠道，促进人民币资金跨境双向流动。探索开展人民币衍生品业务和大宗商品服务创新。

在金融市场开放方面，"十三五"期间，上海将建设面向国际的金融市场平台，拓宽境外投资者参与境内市场的渠道，促进与境外金融市场互联互通，提升上海金融市场资产定价能力。增强股票、债券、期货、货币、外汇、黄金、保险等多层次金融市场服务功能，完善不同层次市场间的转板机制和退出机制，稳步扩大债券市场规模，提升期货和衍生品市场价格发现和风险管理功能，提高外汇业务平台服务的竞争力和包容性，加快上海保险交易所建设，提升保险和再保险市场的规模和国际竞争力。

在此背景下，上海自贸区作为金融改革的"试验田"，在"十三五"期间将被委以改革"排头兵"的重任。上海自贸区应当根据国家总体部署，认真落实"金改四十条"，大力促进自贸区与金融中心建设的深度联动，积极进行制度创新，创新自贸区金融改革立法机制。积极推动人民币资本项目可兑换先行先试，扩大金融服务业开放，加快建设面向国际的金融市场，更好地推动上海金融中心建设向纵深发展，同时在金融体系建构方面大胆试验创新，更好地为全国深化金融改革开放探索新路径、积累新经验。[①]

就推动上海国际金融中心建设而言，上海自贸区改革应在以下重点方向加以深入推进：第一，深入推进人民币资本项目可兑换改革，逐步提高人民币资本项下可兑换程度，争取在上海自贸区率先实现人民币资本项下基本可兑换；第二，进一步扩大人民币跨境使用改革，加快人民币国际化改革步伐，通过积极改革举措促使人民币成为全球主要的定价货币和储备货币；第三，扩大金融服务业对内对外开放水平，降低金融机构设立的门槛，推动金融服务业对符合条件的民营资本和外资金融机构扩大开放，促使金融服务业水平得到有效提升；第四，加快建设面向国际的金融市场体系，充分利用自贸区金融制度创新，推进面向国际的金融市场平台建设，充分发挥金融市场在配置境内境外金融资源的功能，有效拓宽境外投资者参与境内金融市场的渠道；第五，构建适应上海自贸区金融开放水平的金融风险防范体系，建立适应自贸区发展和上海国际金融中心建设的联动监管机制，加强金融风险防范，营造更好的金融环境。[②]

（五）研究框架和基本逻辑

在上述问题意识的限定下，本研究报告将以上海自贸区的金融改革及其监管创新作为研究重点，通过评析既有金融改革措施和金融监管制度，来有效面对当下面临的理论难题和实务挑战，并在此基础上，对于上海自贸区金融监管理念的调整和金融监管体制的优化提出建议。

值得注意的是，对于上海自贸区金融改革及其监管创新的研究不能局

---

① 参见吴弘：《上海国际金融中心建设的制度创新》，《法学》2016 年第 9 期；裴长洪、付彩芳：《上海国际金融中心建设与自贸区金融改革》，《国际经贸探索》2014 年第 11 期。
② 参见范一飞：《继续大力推动上海国际金融中心建设》，《金融时报》2015 年 6 月 27 日第 1 版。

限于既有的改革措施之上，而是必须跳出既有观念的束缚和既存体系的局限，在更为宽广的历史时空视野中，审视自贸区金融改革对于我国金融体系完善、市场经济发展的重要意义。

1. 研究重点及其思路

具体而言，本研究报告将重点研究以下四个方面的内容：

一是对于上海自贸区的既有金融改革措施进行全面评析。本部分将立足于中国金融制度发展现状和改革趋势的基本判断之上，对于上海自贸区现已推行的金融改革措施进行全面的梳理，既包括宏观层面的政策框架，又包括微观层面的改革措施，并在此基础上分析这些改革举措的成功和不足，特别是在理论层面和实践层面所遇到的各类操作难题。本部分还将结合上海自贸区的功能定位以及我国金融制度深化改革的趋势，对于上海自贸区金融改革提出更多针对性建议。

二是对于上海自贸区金融监管正在面对的实践问题以及相应的制度需求进行分析。在上海自贸区设立以来，随着上海自贸区金融改革的深化，上海金融监管已经遇到了一些实践难题，而随着人民币国际化、利率市场化、汇率市场化、资本市场国际化等改革的继续深入，更多的监管性难题将会渐次出现。如果不能有效处理这些监管难题，上海自贸区金融改革将很难取得实质性效果和突破性进展。因此，对于上海自贸区改革过程中已经出现的和即将出现的各类实践难题，必须进行有针对性的深入研究，并在此基础上，强调上海自贸区金融监管体系的回应性调整。

三是对于上海自贸区金融监管应予贯彻的原则理念以及相应的体系结构加以探讨。上海自贸区金融改革过程中面临的监管难题更具挑战性，依靠传统的金融监管制度难以有效加以应对，特别是我国传统的分业监管、机构监管、微观监管、事前监管的金融监管体系及其积累的系统惯性和心态惰性，使之无法妥当处理系统性风险的防范问题。在此背景下，上海自贸区金融监管机构必须更新监管理念，实现宏观审慎监管与微观审慎监管的结合、功能监管和机构监管的结合、事前监管和事中事后监管的结合、动态监管和静态监管的结合，并且根据这些原则理念的要求建构具有适应性的监管制度体系。

四是对于上海自贸区金融监管改革创新的机制建构以及相应的实施机制作出阐释。本部分将依据上海自贸区金融监管的制度现状，结合前述金融监管的原则理念和体系结构，对于上海自贸区金融监管制度的具体优化作出更有针对性的论述。本部分主要从完善金融监管立法、确立宏观审慎监管框架、完善监管机构、完善监管权限、完善监管程序、设立金融消费者保护机构、建设金融基础设施、强化协调机制、完善金融机构风险处置等方面，深入探讨上海自贸区金融监管体系优化应当着力改进的重点要素。

2. 紧紧把握自贸区金融监管体制改革面临的基本矛盾

要实现自贸区金融监管体制的改革建构与系统优化，首先应当找出并明确自贸区金融监管体制建构的基本矛盾。我们认为，上海自贸区金融监管体制建构的基本矛盾有两个：一是金融市场的统一性与上海自贸区金融监管体制改革先行一步之间的矛盾；二是金融监管体制的科层化权限分配与金融资源配置的市场化自主运行之间的矛盾。

（1）金融市场的统一性与上海自贸区金融监管体制改革先行一步之间的矛盾。金融市场应当具有统一性，这是市场经济体制的内在要求和规则体现，并且在一定阶段还是金融市场建设与改革的重要目标。因为只有实现了金融市场的统一性，才能实现金融市场的效率性和公平性。从市场结构来看，只有实现了金融市场的统一性，才能使金融市场有机嵌入整个市场经济体系当中；从市场功能来看，只有实现了金融市场的统一性，才能使金融市场的运行与整个市场经济的运行之间顺畅和谐。对于金融市场的参与者来说，金融市场的统一性是金融市场最为重要的环境构成和评价指标，是其作出投资判断的重要因素。因为统一的金融市场可以降低市场进入成本，减少风险防范措施投入，并且是获得平等市场地位和公平竞争待遇的重要前提。

金融监管体制是金融市场体系的重要构成，并且是金融市场功能发挥的重要机制。对于金融市场参与者来说，金融市场监管体制是其获得市场感觉的强力刺激源，并且是其市场判断和投资决定的重要依据。在很大程度上，金融市场的统一性是从金融监管体制的统一性体现出来。

但是，自贸区金融监管体制改革具有"先行先试"的使命责任，而自贸区金融监管体制改革上的任何先行一步，必将在一定程度上，或多或少地扰动国家金融监管体制整体上的统一性。如果僵硬地服从和配合国家金融监管体制的统一性，自贸区的金融监管体制改革又将难以"先行一步"。这一矛盾是金融市场运行机制内在决定的，并且经金融市场的强符号市场特征和信息传递迅速特征而强化，并不能简单通过授权立法来解决。

因此，在自贸区金融监管体制的建构与优化上，必须处理好金融市场统一性和金融市场改革突破性之间的关系，既要维护全国金融市场统一性特别是金融监管体制统一性，又要实现自贸区金融监管体制建构和优化的创新性。因此，在自贸区金融监管体制建构与优化的改革措施上，必须审慎而辩证地选择改革目标、设计改革方案和规划改革路径。

（2）金融监管体制的科层化权限分配与金融资源配置的市场化自主运行之间的矛盾。金融监管体制作为更好地发挥政府作用的制度安排，体现为行政力量介入市场运行的机制结构。因此，金融监管体制的设计方案、组织表现和运作机制等，表现出强烈的行政化色彩，而在我国则尤为强烈。例如，金融监管体制的组织结构表现为行政机关组织序列，金融监管措施及其实施机制通过行政执法手段实现，金融监管权限按照行政科层予以设计和分配等。就自贸区金融监管体制的建构而言，同样是行政分权体系下的一个组织构成。例如，自贸区金融监管体制是国家金融监管体制这一大系统中的子系统，其金融监管权限由大系统进行结构性分配；同时在自贸区金融监管体制内部，又将金融监管权限以行政科层化的方式分配并组织起来。

但是，金融市场是最具有活力包括突破行政约束的力量。首先，金融市场具有超越地域性的内在力量和外在表现，金融活动的内在动力总是在冲击任何的市场分割限制，包括块块型的市场地域限制和条条型的市场类别限制。其次，金融市场的组织结构并不是按照行政科层化设计或拼装的，金融企业的设立、金融产品的设计、金融模式的安排、金融交易的实现，等等，本身具有排斥、摆脱、突出行政监管限制的欲望。在一定意义上，金融创新具有规避金融监管的特质。或者说，在金融市场的运行实态中，金融创新与金融监管之间存在一定程度的矛盾性，而这种矛盾性又在一定方面或一定程度上，是金融监管体制的科层化权限分配与金融资源配置的市场化自主运行之间的矛盾造成的。

金融市场监管体制的行政化与金融运行的市场化之间，本身就具有内在的矛盾性。但是，金融监管体制与金融市场体系之间又存在结构上的有机联系和功能上的互动机制，是矛盾的有机统一体。这种金融市场体系与金融监管体制之间的内在矛盾，是自贸区金融监管体制建构中必须面临和应对的挑战。一方面，自贸区金融监管体制仍须保留一定程度的行政色彩，其监管权限的外部获得与内部分配仍然要按照科层化组织机制。另一方面，自贸区金融市场的资源配置机制及其能量来源与波及效果，又远远超出自贸区的物理范围。可以说，在自贸区运行及改革中，金融监管体制的科层化权限分配与金融资源配置的市场化自主运行之间的矛盾是最为强烈的，其相关改革方案设计与措施实施机制是最具有挑战性的。在很多情形下，必须在突破金融监管体制的行政化约束和限制金融市场的内发活力之间，作出必要的择一选择，而这个任务只能赋予自贸区金融监管的法治保障机制来完成。

二 上海自贸区既有金融改革创新评述

自上海自贸区成立以来，其在金融改革方面已经进行了全面和深入的创新尝试，按照上海自贸区"总体方案"的要求，推出了一系列重大改革举措，并且取得了良好的制度试验效果。其中一些已经被实践证明为成熟完善的改革创新经验，已经得到超越上海自贸区之外的复制、推广。

上海自贸区金融监管制度的建构主要基于上海自贸区的金融改革创新基础之上，其组织化设置及其有效实施得到了市场实践的检验。在有力保障这些改革创新得以稳步推进的同时，也能够对这些改革创新可能引发的风险进行有效控制。因此，在讨论上海自贸区金融监管理念调整和制度重构之前，有必要对上海自贸区已经推行的和即将开展的金融改革措施，做一个系统的评述。

（一）上海自贸区金融改革的整体规划

金融改革是上海自贸区改革的重中之重。对于在上海自贸区内如何有效进行金融改革创新，中共中央、国务院在《中国（上海）自由贸易试验区总体方案》中，有着准确的定位和全面的要求。

依据《中国（上海）自由贸易试验区总体方案》（以下简称"总体方案"）的要求，上海自贸区必须"深化金融领域的开放创新"，并且侧重围绕以下几个方面展开：

一是加快金融制度创新。在金融风险可控的前提下，可在试验区内对人民币资本项目可兑换、金融市场利率市场化、人民币跨境使用等方面，创造条件进行先行先试。在试验区内，实现金融机构资产方价格实行市场化定价。探索面向国际的外汇管理改革试点，建立与自由贸易试验区相适应的外汇管理体制，全面实现贸易投资便利化。鼓励企业充分利用境内外两种资源、两个市场，实现跨境融资自由化。深化外债管理方式改革，促进跨境融资便利化。深化跨国公司总部外汇资金集中运营管理试点，促进跨国公司设立区域性或全球性资金管理中心。建立试验区金融改革创新与上海国际金融中心建设的联动机制。

二是增强金融服务功能。推动金融服务业对符合条件的民营资本和外资金融机构全面开放，支持在试验区内设立外资银行和中外合资银行。允许金融市场在试验区内建立面向国际的交易平台。逐步允许境外企业参与商品期货交易。鼓励金融市场产品创新。支持股权托管交易机构在试验区内建立综合金融服务平台。支持开展人民币跨境再保险业务，培育发展再保险市场。

可以看出，"总体方案"提出了两个层面的根本要求：一是强化金融制度创新，特别是在人民币资本项目开放、人民币国际化、利率市场化、汇率市场化等方面进行先行先试；二是完善金融服务机制，主要是推动金融市场的开放，放宽准入条件和推动公平竞争，允许更多私人主体和外资机构设立金融机构，推动金融基础设施的完善，加快金融市场产品的创新和离岸金融中心的建设，并在金融监管方面探索新体制、积累新经验。[1]

为了具体落实《中国（上海）自由贸易试验区总体方案》对于上海自贸区金融改革的总体性要求，中国人民银行、银监会、证监会、保监会、上海市人民政府等相继制定了更为全面的实施方案，将"总体方案"的总体性要求和改革理念，不断加以"具体化"和"实质化"。

在上海自贸区成立后，中国人民银行、银监会、证监会、保监会（简称"一行三会"）先后出台了51条金融支持自贸区建设的细则，同时发布了9个可操作新案例。在此之后，中国人民银行上海总部又发布了自贸试验区分账核算业务的实施细则和风险审慎管理细则。这段时间的金融改革

---

① 参见武剑：《中国上海自贸区金融改革展望》，《新金融》2013年第11期。

创新主要包括以下内容：一是加快金融制度创新，主要包括人民币资本项目可兑换、利率市场化、人民币跨境使用、外汇管理体制改革等举措；二是增强金融服务功能主要包括允许外资和民营资本设立金融机构、建立国际交易平台、金融产品创新等金融服务载体的改革创新。

2015 年 10 月 30 日，中国人民银行会同相关政府部门联合印发《进一步推进中国（上海）自由贸易试验区金融开放创新试点，加快上海国际金融中心建设方案》，这标志着上海自贸区金融改革的进一步深化。这一阶段金融改革创新的主要内容包括以下五个方面：一是实现人民币资本项目可兑换。按照统筹规划、服务实体、风险可控、分步推进原则，在自贸试验区内进行人民币资本项目可兑换的先行先试，逐步提高资本项下各项目可兑换程度。二是进一步扩大人民币跨境使用。推动资本和人民币"走出去"，拓宽境外人民币投资回流渠道。三是不断扩大金融服务业对内对外开放。探索市场准入负面清单制度，开展相关改革试点工作。对接国际高标准经贸规则，探索金融服务业对外资实行准入前国民待遇加负面清单管理模式。推动金融服务业对符合条件的民营资本和外资机构扩大开放。四是加快建设面向国际的金融市场。依托自贸试验区金融制度创新和对外开放优势，充分发挥人民银行上海总部统筹协调功能，推进面向国际的金融市场平台建设，拓宽境外投资者参与境内金融市场的渠道，提升金融市场配置境内外资源的功能。五是不断加强金融监管，切实防范风险。建立适应自贸试验区发展和上海国际金融中心建设联动的金融监管机制，加强金融风险防范，营造良好的金融发展环境。

可以看出，对于上海自贸区金融改革，从国家层面到地方层面，从国务院层面到各部委层面，均进行了有效的战略规划，围绕上海自贸区金融改革的核心要求，部署了全面的改革举措。这些改革举措的系统制定与全面落实，为上海自贸区金融改革的顺利推进奠定了良好的理念基础和政策依据。

（二）上海自贸区金融改革的具体展开

在上述"总体方案"和各个金融监管机构专门文件的指导与授权下，上海自贸区在金融领域开展了诸多富有成效的改革创新，具体而言包括以下多个方面的改革。

1. 资本项目可兑换

目前，我国在人民币资本项目兑换方面还存在一些限制。有序实现人民币资本项目可兑换，提高人民币可兑换、可自由使用程度，稳步推进人民币国际化，推进人民币资本"走出去"，这是未来很长一段时间内我国金融改革的重要任务。[①] 我国的"十三五"规划进一步提出了"有序实现人民币资本项目可兑换"的政策目标，重申了继续推进资本项目开放的总体方向。但是，人民币资本项目可兑换改革又具有全局性，在全国范围实现人民币资本项目可兑换之前，有必要通过自贸区改革试验探索路径、积累经验。

实行人民币资本项目可兑换，是上海自贸区成立以来推行的重要改革措施之一。上海自贸区改革的"总体方案"对于资本项目可兑换改革作出了如下安排：支持经济主体通过自由贸易账户开展涉外贸易投资活动，允许或扩大符合条件的机构和个人在境内外证券期货市场投资，在自贸试验区内进行人民币资本项目可兑换的先行先试，逐步提高资本项下各项目可兑换程度。根据"总体方案"的相关描述，将根据主体监管原则，在自贸试验区内，实现非金融企业限额内可兑换。

在此之后，人民银行、银监会、证监会、国家外汇管理局等政府机构，推动了以自由贸易账户为核心的人民币资本项目可兑换改革。自由贸易账户内的资金原则上遵循可自由兑换的原则，在对外支付时可以兑换成支付

---

① 参见周小川：《人民币资本项目可兑换的路径和前景》，《金融研究》2012 年第 1 期。

所需要的货币，在对内支付时，可以突破禁止外币结算计价原则，以人民币支付。在此背景下，上海自贸区内大量机构和个人开设自由贸易账户，并以其为依托开展资金划拨和贸易融资业务。①

2015 年 10 月国务院发布《进一步推进中国（上海）自由贸易试验区金融开放创新试点、加快上海国际金融中心建设方案》，要求上海自贸区按照统筹规划、服务实体、风险可控、分步推进原则，在自贸区内进行人民币资本项目可兑换的先行先试，逐步提高资本项下各项目可兑换程度。

对于人民币资本项目可兑换的"先行先试"，该"建设方案"作出了如下具体部署：①认真总结自由贸易账户经验。抓紧启动自由贸易账户本外币一体化各项业务，进一步拓展自由贸易账户功能。自由贸易账户内本外币资金按宏观审慎的可兑换原则管理。②支持经济主体通过自由贸易账户开展涉外贸易投资活动，鼓励和支持银行、证券、保险类金融机构利用自由贸易账户等开展金融创新业务，允许证券、期货交易所和结算机构围绕自由贸易账户体系，充分利用自由贸易账户间的电子信息流和资金流，研究改革创新举措。③研究启动合格境内个人投资者境外投资试点，适时出台相关实施细则，允许符合条件的个人开展境外实业投资、不动产投资和金融类投资。④抓紧制定有关办法，允许或扩大符合条件的机构和个人在境内外证券期货市场投资，尽快明确在境内证券期货市场投资的跨境资金流动管理方式，研究探索通过自由贸易账户等支持资本市场开放，适时启动试点。⑤建立健全区内宏观审慎管理框架下的境外融资和资本流动管理体系，综合考虑资产负债币种、期限等匹配情况以及外债管理和货币政策调控需要，合理调控境外融资规模和投向，优化境外融资结构，防范境外融资风险。⑥创新外汇管理体制，探索在自贸试验区内开展限

---

① 参见肖本华：《中国（上海）自由贸易试验区资本项目可兑换研究》，《新金融》2014 年第 10 期。

额内可兑换试点。围绕自贸区和上海国际金融中心建设目标，进一步创新外汇管理体制。放宽跨境资本流动限制，健全外汇资金均衡管理体制。统筹研究进一步扩大个人可兑换限额。根据主体监管原则，在自贸试验区内实现非金融企业限额内可兑换。逐步扩大本外币兑换限额，率先实现可兑换。

上海自贸区资本项目可兑换的另外一个改革方向，就是自由贸易账户的个人服务功能。2016 年 11 月 23 日央行上海总部发布《关于进一步拓展自贸区跨境金融服务功能支持科技创新和实体经济的通知》，规定银行等金融机构可以通过自由贸易账户，为引进的海外高层次人才、国际雇员等，提供海外亲属赡养、子女教育、医疗保健、投资理财、股权激励等跨境金融服务。具体来说，以下四类人员可以去金融机构开设 FTF 账户：符合相关认定标准的外籍高层次人才；在"上海科技创新职业清单"内机构就业、持有境外永久居留证的中国籍人才；在中国注册的国际性组织中工作并按国际雇员管理的个人；其他符合条件的在"上海科技创新职业清单"内机构就业的境外个人。此次上海自贸区金融改革的另一大亮点还在于，将开立 FT 账户的主体资格拓展到上海市科技创新领域，而不再局限于注册在上海自贸区内。[①]

2. 金融利率市场化

利率市场化是我国市场经济体制全面深化改革的重要内容，对于促进市场机制在配置资源过程中发挥决定性作用具有重要的意义。在未来的很长一段时间之内，我国将进一步深化利率市场化改革，完善利率形成机制和调控机制。

利率市场化改革也是上海自贸区金融改革的重要方面。上海自贸区利率市场化改革的"开局措施"，是放开小额外币存款利率上限。2014 年 2

---

① 参见宋杰：《上海自贸区挂牌三周年再推新一轮金改》，《中国经济周刊》2016 年第 49 期。

月 26 日央行上海总部宣布，从 3 月 1 日起放开上海自贸区小额外币存款利率上限。对上海自贸区居民放开小额外币存款利率上限，这意味着上海自贸区内金融机构对区内居民小额外币存贷款，可以自主决定利率水平。小额外币存款利率上限放开后，标志着上海自贸区将在全国率先实现外币存款利率的完全市场化。[①]

"外币小额存款"是指额度在 300 万美元以下或等值其他外币存款。"区内居民"包括在试验区内依法设立的中外资企事业法人（含金融机构）、在试验区内注册登记但未取得法人资格的组织、其他组织、境外法人机构驻试验区内的机构，以及在试验区内就业一年以上的境内个人。

从 2014 年 6 月 27 日起，放开小额外币存款利率上限的改革试点范围扩大，由上海自贸区扩大到整个上海市，成为自贸区首单向区外推广的金融改革政策。

为了深化推进利率市场化改革，防范套利行为的出现和不当竞争的出现，监管机构也制定了利率市场化改革的配套监管措施，从自主定价能力、风险监测体系、内部控制制度、外部协调机制等方面，对金融机构的定价行为进行规范。同时，要求金融机构对于开展小额外币存款业务的客户进行严格认定，避免外币存款大范围搬家，加强外币流动性风险管理，避免外币利率剧烈波动。

当然，上海自贸区利率市场化改革还处于刚刚起步阶段，可以预见在未来一段时间之内，上海自贸区在利率市场化改革方面将会推出更多改革措施。与此同时，这一改革措施的推行也会遇到更多的理论难题和实践问题，这需要理论界和实务界提前做好扎实的准备工作，既要保障改革有效推进，又要防范各类风险发生。

---

① 参见王媛：《上海自贸区利率市场化改革破题》，《上海证券报》2014 年 2 月 27 日第 F02 版。

3. 人民币跨境使用

人民币跨境使用是上海自贸区金融改革的重要内容。对于人民币跨境使用改革，上海自贸区"总体方案"提出了如下原则性要求：支持自贸试验区内金融机构和企业在宏观审慎管理框架下，从境外借入人民币资金并按规定使用。探索完善宏观审慎管理框架下的人民币境外贷款管理方式，鼓励自贸试验区内银行业金融机构增加对企业境外项目的人民币信贷投放。允许自贸试验区内个体工商户根据其业务需要，向其在境外经营主体提供跨境资金支持。

2014 年 2 月 21 日央行上海总部发布了《关于支持中国（上海）自由贸易试验区扩大人民币跨境使用的通知》（以下简称《通知》），就人民币境外借款、双向人民币资金池、跨境人民币集中收付、个人跨境人民币业务等作出了具体规范。该《通知》严格贯彻"服务实体经济，便利跨境投资和贸易"的改革原则，简化了自贸区经常和直接投资项下人民币跨境使用流程，明确了人民币境外借款规模与使用范围、跨境电子商务结算和人民币交易服务等创新业务。

在简化流程、扩大人民币跨境使用方面，改革举措包括以下两个方面. 一是使得区内经常和直接投资项下跨境人民币结算更为简便。自贸区内商业银行在"了解你的客户"、"了解你的业务"、"尽职审查"展业三原则基础上，只需凭区内机构和个人提交的收付款指令，即可直接办理相关业务。二是明确区内个人可以办理经常项下跨境人民币结算业务。在区内就业或执业的个人可以开立个人银行结算账户或者个体工商户单位银行结算账户，办理经常项下跨境人民币收付业务。

在改革创新、深化金融支持实体经济方面，推出了四项具体措施：一是明确人民币境外借款相关事项。区内非银行金融机构和企业可以从境外借用人民币资金，但数额不得超过实缴资本倍数乘以宏观审慎政策参数，其中区内企业的实缴资本倍数为 1 倍。区内非银行金融机构的实缴资本倍数为 1.5 倍。区内银行借款资金进入试验区分账核算单元。从境外借用的人民币资金可调回境内，用于区内生产经营、区内项目建设和境外项目建设。二是对于真实跨境电子商务，鼓励上海地区的银行与区内取得互联网支付业务许可的支付机构合作，或者直接向区内跨境电子商务运营机构提供人民币结算服务。三是允许区内企业开展集团内跨境双向人民币资金池业务；开展经常项下跨境人民币集中收付业务的成员企业，除集团内企业外，可以拓展至集团内企业存在供应链关系的、有密切贸易往来的集团外企业。四是支持中国外汇交易中心和上海黄金交易所在区内提供跨境人民币交易服务。[①] 而根据 2015 年 2 月公布的《中国（上海）自由贸易试验区分账核算业务境外融资与跨境资金流动宏观审慎管理实施细则》，企业的境外融资规模从原来资本的 1 倍扩大到 2 倍。

在这些政策的鼓励下，上海自贸区人民币跨境使用的规模不断扩大。据统计，到 2016 年 2 月底，在上海自贸区，已经有 42 家商业银行、财务公司和证券公司开立了自由贸易账户 4.8 万个，累计办理跨境结算折合人民币 5 万亿元。

4. 外汇管理改革

与人民币国际化、利率市场化等改革措施相伴相随的改革措施，还包括上海自贸区内推行的外汇管理改革。但由于外汇管理改革本身所面临的问题更为复杂，因此相对来说，上海自贸区的相应改革措施也推出得较晚。就目前的改革情况而言，依然有待全面深化。

经国家外汇管理局批准之后，国家外汇管理局上海市分局在 2015 年12 月 17 日正式发布《进一步推进中国（上海）自由贸易试验区外汇管理改革试点实施细则》。这也是上海自贸试验区"金改 40 条"印发后，所发布

---

① 参见高改芳：《上海自贸区人民币跨境使用细则发布》，《中国证券报》2014 年 2 月 22 日第 A02 版。

的第一项实施细则。这一"实施细则"的发布，对于完善上海自贸区外汇管理体制具有重要的意义，有利于推动自贸区汇率改革的推进。

这一实施细则在自贸区外汇管理方面，安排了一系列创新改革措施：一是允许区内企业（不含金融机构）外债资金实行意愿结汇，赋予企业外债资金结汇的自主权和选择权；二是进一步简化经常项目外汇收支手续，允许区内货物贸易外汇管理分类等级为 A 类的企业外汇收入无须开立待核查账户；三是支持发展总部经济和结算中心，放宽跨国公司外汇资金集中运营管理准入条件，进一步简化资金池管理；四是支持银行发展人民币与外汇衍生产品服务，允许区内银行为境外机构办理人民币与外汇衍生产品交易。

"实施细则"采用负面清单管理理念，以"简政放权"理念为指导，进一步减少外汇管理行政审批，简化业务办理流程，切实提升贸易和投资便利化程度。推动外汇管理监管方式从行为转向重点主体，从事前审批转向事后监测分析；这些新举措的采纳也有利于提升跨国公司资金运作效率，促进总部经济集聚。当然，在推进汇率改革的同时，监管部门也需要加强跨境资金流动风险防控，确保不发生系统性、区域性金融风险。①

当日，中国银行为中芯国际集成电路制造（上海）有限公司办理首笔试点业务。在该笔试点业务中，中芯上海贸易项下的外汇收入直接汇入其一般账户，不再通过待核查账户过渡。该试点流程为企业节约了收汇时间，降低了运营成本。

5. 金融机构设立以及金融基础设施的完善

对于金融服务基础设施的完善，各个监管机构本着负面清单管理、放宽市场准入、鼓励民营资本和境外资本进入等原则制定了一系列较为完善

---

① 参见高改芳：《上海自贸区外汇管理改革试点细则发布》，《中国证券报》2015 年 12 月 18 日第 A02 版。

的政策措施。

（1）银行业。2014 年 5 月 14 日，银监会授权上海银监局发布了《关于试行中国（上海）自由贸易试验区银行业监管相关制度安排的通知》，对于上海自贸区内相关金融机构和高管准入、区内银行业务风险评估指导意见、区内银行业监测报表制度等，作出了具体安排。

在市场准入方面，该《通知》取消了自贸区内银行分行以下分支机构设立的事前审批，采取分支机构设立事后报告制。另外，对这些分支机构的高管任命，也实行事后报备制。这种调整被业内认为是与国际监管惯例接轨。

同时，该《通知》对上海自贸区内银行分支机构存贷比考核的要求，进行了调整优化。在监管流程上也放权于基层，即银监会批准上海银监局设立专门的自贸业务监管处室，专职履行对试验区银行业的属地监管职责。

（2）保险业。从上海自贸区设立以来，自贸区保险业改革创新也得以稳步推进。2013 年 9 月，保监会下发《关于支持中国（上海）自由贸易试验区建设有关事项的复函》（以下简称"八项意见"），提出了扩大保险市场开放、加快保险业务创新、优化保险资金运用等八项意见，拉开了自贸区保险业改革创新的序幕。这八项改革创新举措也成为上海自贸区金融创新"51 条"的重要组成部分。上海市人民政府和上海保监局也相应出台了一系列配套措施和细则，确保"八项意见"中的上述要求得到具体落实。

上海自贸区保险业创新改革的核心在于：通过积极的制度创新，推动航运保险、再保险、保险资金运用等重点领域创新发展，加快保险机构聚集，促进保险市场体系完善。

通过几年的发展，上海自贸区集聚了大量保险机构，多种保险创新业务得以有效开展，特别是在航运保险、再保险、保险资金运用等重点领域，上海自贸区在创新改革方面的"领头示范"效应明显。一些专业性保险机构也得以设立，如专业性养老健康保险公司、养老产业投资管理有限公司、专业再保险经纪公司等。2016 年上海保险交易所和中保投资有限责任公司先后落户上海，标志着保险要素市场在上海正式建立形成。以集聚离岸和跨境业务、形成与公司间市场并行的再保险交易市场为目标的上海保险交易所再保险交易平台，也正在建设中。上海也因之成为全国保险机构类型最多、功能最全、市场化和国际化程度最高的保险业中心城市。

（3）证券业以及投行业。在上海自贸区成立以后，证监会也采取了各项政策措施，支持上海自贸区内资本市场的发展。

在自贸区成立之初，证监会公布了五项具体政策措施：一是同意上海期货交易所在自贸区内筹建上海国际能源交易中心股份有限公司，具体承担推进国际原油期货平台筹建工作。依托这一平台，全面引入境外投资者参与境内期货交易。二是支持自贸区内符合一定条件的单位和个人，按照规定双向投资于境内外证券期货市场。区内金融机构和企业可按照规定进入上海地区的证券和期货交易所进行投资和交易；在区内就业并符合条件的境外个人可按规定在区内证券期货经营机构开立非居民个人境内投资专户，开展境内证券期货投资；允许符合条件的区内金融机构和企业按照规定开展境外证券期货投资；在区内就业并符合条件的个人可按规定开展境外证券期货投资。三是区内企业的境外母公司可按规定在境内市场发行人民币债券。根据市场需要，探索在区内开展国际金融资产交易等。四是支持证券期货经营机构在区内注册成立专业子公司。五是支持区内证券期货经营机构开展面向境内客户的大宗商品和金融衍生品的柜台交易。

2016 年 11 月 23 日央行上海总部发布的《关于进一步拓展自贸区跨境金融服务功能支持科技创新和实体经济的通知》则进一步明确，区内设立的股权投资项目公司和股权投资基金可以依托自由贸易账户向区内及境外募集资金，用于进行跨境股权投资，满足实体经济做大资本和扩大跨境投资的需求。

（4）设立上海信托登记中心。为了完善信托登记制度，实现信托产品的有效登记和高效流转，提高信托市场的安全性和效率性，上海自贸区在成立之初，就开始探索信托登记平台的设立，并且颁布了《信托登记施行办法》，以便为信托登记制度的确立提供规范基础。经过多年的试验和准备，2016 年 12 月中国信托登记有限责任公司在上海正式成立。这家公司注册资本为 30 亿元，是全国范围内唯一一家信托登记公司，主要承担信托产品及其受益权的集中登记、统一发行交易、信息披露与行业监测等主要职能。自贸区范围内信托登记制度的完善，对于我国信托业的发展具有至关重要的意义。

（三）上海自贸区金融改革的整体评述

1. 上海自贸区金融改革的积极评价

必须承认，上海自贸区成立以来在金融改革方面取得的成就和突破有目共睹，为进一步深化自贸区金融改革，引领全国范围内的金融改革，提供了经过实践检验的先行先试经验和经过对此反复探讨论证的理论支持。例如，上海自贸区已经公布了七批共 80 个金融创新案例，涉及了金融改革领域的各个方面（参见报告附件），系统反映了自贸区金融改革的实态与趋势。

上海自贸区的金融改革有效促进了上海自贸区经济的发展，深化金融改革使得金融制度充分发挥了服务实体经济和整个市场经济的能力。特别是人民币资本项目可兑换、汇率市场化、利率市场化等改革措施的推进，使得区内企业能够充分利用国内国外两个市场、两种资源，更为灵活地进行跨境资金管理，能够更好地应对国际市场调整和全球经济变动带来的市场新态和不利影响。

上海自贸区的金融改革也形成了一批可复制、可推广的创新成果。部分机制完善、实践成熟、风险可控的金融改革创新措施，在上海市、国内其他自贸区与全国范围进行了复制推广。这些通过上海自贸区金融创新改革提炼的"可推广、可复制"的经验，能够便利各类市场主体更好开展经营活动，能够促使其节约成本、提高效率、转型发展。

上海自贸区的金融改革也对金融监管体系的变革提供了经验样本，其"外溢效应"非常明显。由于上海自贸区金融创新改革的特殊性，相应的金融监管制度体系也进行了创新。在过去几年中，上海自贸区金融业务的监管机构也积累了丰富的监管经验，特别是在宏观审慎监管方面有了很多积极的创新改革，逐步确立了以市场全覆盖为目标、以信息互联共享为基础、以监管合作为保障、以综合监管联席会为平台、以业界自律共治为补充的综合监管模式。这对于我国金融监管理念的更新和金融监管体系的调整，具有重要的参考价值。[①]

总之，迄今为止的上海自贸区金融改革总体上是成功的，基本实现了设立自贸区的政策初衷，强化了人们对自贸区特别是其金融体制存续和发展的信心，为自贸区今后进一步的深化改革奠定了良好的基础。

2. 上海自贸区金融改革的缺陷分析

在肯定上述成绩的同时，我们也不得不承认，上海自贸区金融改革并未完全达到我们对政策目标的"理想预期"，其在很多方面依然存在缺陷和不足。

对于自贸区金融改革措施的不足，学界已有不少论述，其中有些判断比较独特，有些观点还很尖锐。例如，有的学者认为，上海自贸区金融改革没有找准方向，从而导致了部分改革措施的成效并不明显。在其看来，上海自贸区金融改革的首要任务是建立完善的立法、司法和执法制度，如有效保护投资者和债权人立法、建立金融专业法院和完善金融仲裁制度、允许上海自贸区作出更多独特试验，等等。[②]

---

① 参见马梅若：《正确看待自贸区改革红利》，《金融时报》2016年9月29日第004版。
② 参见潘英丽：《自贸区金融改革未找准方向》，英国《金融时报》中文版2014年10月8日，该文章可在如下网址访问 http://www.ftchinese.com/story/001058476? page=rest。

　　有的学者认为，必须从整体视角审视上海自贸区已经推行的金融改革措施。虽然金融改革已取得显著进展，但必须看到内嵌于现行经济体制并作为其一部分存在的金融体制与传统经济增长方式逻辑一致，显然并不适应目前及今后一段时间内中国经济新常态下跨越中等收入陷阱、实施创新驱动战略的需要。而目前正着力推动的各项金融改革，实际上也难以靠单兵突进取得成效，只有在适当配套政策支持下，方能取得预期成效。在当前，部分金融机构及企业等微观主体的公司治理和内部管理机制尚不完善；利率定价机制建设有待增强，金融市场及基准利率体系建设仍有待进一步发展，利率传导和调控机制也需继续完善；金融机构市场退出机制、一些资源和能源等生产要素价格市场化等配套改革措施仍未到位。尤其需要注意的是，在存在大量软约束部门的情况下，利率市场化可能导致与预期背道而驰的宏观经济效应。推进软预算约束主体的改革是利率市场化改革的必要配套。人民币汇率波动不确定性增加。①

　　还有的学者对自贸区金融改革的缺陷进行了举例分析。其认为，首先，自贸区金融改革存在局部突破与法制统一的困境。全国人大常委会及国务院决定在上海自贸试验区暂停实施一些法律法规等，但并不包括金融业法律法规。目前，许多金融领域的法律规定严重滞后于现实，亟须修订，同时还存在某些方面的立法空白。其次，地方金融改革与垂直管理体制相矛盾，强势政府与金融创新之间存在矛盾。最后，单项改革与系统性金融存在冲突。金融业具有很强的系统性，单项金融改革如果没有相关配套制度跟进，则很难实质性推动；而贸然突破，则可能会面临较大风险。②

　　结合上海自贸区金融改革的实践情况以及上述学者的批评意见，我们认为，上海自贸区金融改革目前在"广度"上和"深度"上，依然存在较

---

① 牟善刚：《金融改革的进展与方向》，《中国经济报告》2016 年第 4 期。
② 陈文成：《自由贸易账户论——中国（上海）自由贸易试验区金融改革的理论与实践》，格致出版社、上海人民出版社 2015 年版，第 161 页。

多不足，需要进行细致梳理和深刻剖析。具体而言，表现在以下几个方面：

（1）上海自贸区金融改革的法治化程度不够。金融改革创新不仅仅是经济性的，也是法律性的，往往涉及相关金融法律法规的修订调整。如果金融创新改革不能纳入法治化框架之下，相应的改革举措可能陷入合法性危机和实践性阻力。就上海自贸区金融改革而言，虽然"总体方案"和各个监管机构发布的规范性文件作出了较为全面的部署，但是这些文件并非正式意义上的法律规范，其本身能否变更、调整既有金融法律、法规的适用等效力，尚值得商榷。在此背景下，应当重视上海自贸区金融改革的法治化问题，确保各项改革创新措施的推出都能纳入法治化轨道。当然，这一任务的完成需要立法机构具备高超的立法技术，法学理论研究方面的准备也是必不可少。①

（2）上海自贸区金融改革的协同性程度不够。就目前上海自贸区金融改革的现状来看，虽然"总体方案"对于金融创新改革作出了整体性部署，但是这些要求具有原则性、整体性、一般性甚至抽象性或"务虚性"的特点。在落实这些原则性要求的时候，金融监管机构之间以及金融机构和其他政府部门之间，尚缺乏有效的沟通协调机制，所推出的具体改革措施尚不具备有效的协同性。就目前的改革实效来看，既有金融改革创新措施协同性不够的缺陷也影响到了上海自贸区金融改革的深化开展。就此而言，在以后的金融创新改革历程中，需要先行优化完善不同政府部门之间的沟通协调机制，确保金融改革创新措施具有更好的协同性，能在整体层面更符合上海自贸区金融改革的实践需求。②

（3）上海自贸区金融改革的深入性程度不够。上海自贸区的各项金融改革创新已经得到了有效开展，也取得了一定的改革成效。但与发达国家

① 陈健：《上海自贸区金融改革需要法律配套》，《上海金融报》2013年12月3日第A13版。
② 林采宜、吴齐华：《上海自贸区金融改革的困境与入突围》，《上海证券报》2014年12月16日第A01版。

自贸区和国际金融中心制度需求相比，上海自贸区金融改革创新的程度依然不够，在利率市场化、汇率市场化、人民币国际化等层面的改革尚处于试验摸索阶段，其改革的深入性程度依然有待加强。当然，深化上海自贸区金融改革并不意味着完全的"自由化"，而是要结合上海自贸区金融改革的实际情况以及我国金融业发展的改革需求，来探索合理的制度模式，力求在既有约束条件下实现最大程度的"市场化"。①

（4）上海自贸区金融改革的全面性程度不够。其实，上海自贸区目前的金融改革创新措施还是有范围或层面上的局限性的，主要集中于利率市场化、汇率市场化、人民币国际化、国际交易平台建设等方面。换言之，当前的自贸区金融改革更加注重的是国际化层面的改革，对于其他层面则没有给予充分的或者相应的重视。实际上，上海自贸区金融改革创新应当全面加以推进，不可拘泥于某一方面或某个方向，因为金融体系本身具有系统性，只有全面优化金融体系才能发挥其最大制度效用。在此意义上，上海自贸区也应当深入推进其他金融改革创新，如在互联网金融、私人银行、金融租赁、资产管理、场外市场、私募基金、金融衍生品、资本市场国际化等领域，加快相应的制度建设，力求为全国范围内相关制度改革的推进集聚经验。

（5）上海自贸区金融改革的适应性监管有待完善。目前，上海自贸区推行的金融改革是我国金融体系下的重要创新，对于传统金融制度体系的很多方面进行了根本性变革。这种根本性变革也可能引发新的金融风险，因而也要求我国探索新的金融监管体系和金融监管制度，包括对金融改革本身的监管制度，即对金融改革的方案设计、措施实行、系统效应等，进行同步适应性监管。也就是说，对于上海自贸区金融监管体制的改革，既

---

① 吴大器等：《以金融自由化为背景的上海自贸区金融改革创新的思考》，《上海金融学院学报》2014年第3期。

要进行目标监管，也要进行过程监管，以确保金融改革过程的安全性、效率性和有序性。但是，就目前上海自贸区金融改革创新的监管而言，虽然已经积累了丰富经验并进行了监管改革尝试，但是尚没有根据实践情况对既有金融监管体系进行根本性调整。从更好防范金融风险特别是金融创新风险的目的来看，有必要优化上海自贸区的金融监管体系和金融监管制度，使之具有更强的适应性，能够有效防范各类风险，包括金融改革自身带来的改革风险。本研究报告将围绕这一核心问题，加以展开论述。

三　上海自贸区金融监管的实践问题和制度需求

（一）自贸区金融监管改革的体系效应

上海自贸区成立以来，随着金融创新改革的逐步深化，在金融监管治理方面已经遇到了一些问题。但由于上海自贸区金融改革尚处于刚刚起步的阶段，一些深层次的矛盾、结构性的问题可能尚未出现。在考虑上海自贸区金融监管体系的建构时，除了需要针对自贸区既有金融改革措施采取相应的监管举措之外，还需要针对中国当下金融监管所面临的根本性难题作出充分回应。上海自贸区的金融改革创新和金融监管调整本身就是要为处理当下中国金融体系的发展难题积累经验、创造条件。

在此意义上，在讨论上海自贸区金融监管体系建构之前，有必要回顾近年来我国金融监管所面临的现实问题，并分析为何我国现有的金融监管制度无法有效解决处理这些问题。实际上，这些问题在上海自贸区深化金融改革创新的过程中也会出现，而如果不对上海自贸区既有金融监管体系进行调整，既有的金融监管制度也无法有效回应这些问题。当然，对于上海自贸区金融改革过程中所出现的新问题也必须加以全面分析，特别是利率市场化、外汇管理改革、人民币资本项目可兑换、人民币跨境使用带来的各种现实问题，监管机构也必须理解其可能引发的金融风险并探索相应的监管措施。在此基础上，方能准确理解上海自贸区金融监管体系建构的真正制度需求。

（二）我国金融监管面临的实践性难题

近年来，随着市场经济改革的深化和金融市场创新的发展，我国的金融市场体系也出现了越来越多的结构性难题，传统的金融监管制度对于这些现实问题并未加以有效的回应。

对于近年来金融市场中出现的疑难现实问题，本部分拟首先对近年来金融市场体系出现的几起典型风险事件进行简要介绍，然后再对其背后反映的金融市场体系和金融监管制度问题进行分析。

首先，银行间市场"钱荒"。2013 年银行间市场突然出现的"钱荒"现象充分反映了我国金融体系的不够完善以及市场机制在配置资源过程中尚未充分发挥决定性作用。

2013 年 6 月我国银行间市场利率突然大幅上升，6 月 20 日隔夜回购利率更是达到接近 13% 的历史峰值，形成了银行间市场的所谓"钱荒"现象。但是，2013 年 5 月末全国广义货币供应量 M2 余额却达到了 104.2 万亿，全部金融机构备付金约为 1.5 万亿元，也就是说市场流动性总量并不短缺，"钱荒"的根本原因在于金融结构性失衡，也即资金错配导致的短期结构性资金紧张。在此之前，商业银行为了追究经济利益、逃避金融监管，通过表外业务方式将资金大量投放到流动性较差的房地产建设和政府平台基础设施建设上。此次"钱荒"从根本上反映了我国银行业粗放型发展的模式以及商业银行风险管理能力低下的问题。[1]

其次，资本市场剧烈波动。2015 年我国资本市场经历了一个剧烈的震荡发展状态，有人把此次资本市场震动形容为"股灾"。

从 2014 年开始，随着结构化伞形信托、互联网金融、场外配资等工具的发展，包括银行资金在内各种渠道的资金大量进入证券市场，在很短时间内就推动了股市不断走高。而在我国分业监管的格局下，对于银行资金通过各种形式大规模涌入证券市场并没有监管部门加以及时有效监管。

在股市不断走高且泡沫不断累积的情况下，证券监管机构意识到了资本市场存在的风险，并且采取了清理场外配资的监管措施。但是，这些监

---

[1] 参见贺强、徐云松：《"钱荒"溯源》，《价格理论与实践》2013 年第 7 期。

管措施忽视了证券市场本身的特点，对于场外配资、伞形信托进行了短期快速清理，却没有注意到这种清理方式对于证券市场的体系性影响。一些机构和个人利用清理场外配资的机会通过各种手段"做空"获利，进而导致证券市场呈现出单边大幅下跌的情形出现，在一定程度上甚至影响到了经济发展和社会稳定。[①]

最后，e 租宝和泛亚。在新兴的互联网金融领域，一些机构和个人也充分利用互联网金融法律规制的"漏洞"，设计发起各类交易平台并从事违法犯罪活动。其中，e 租宝事件和泛亚事件是两个典型案例。

e 租宝以互联网金融平台形式呈现，主要经营融资租赁债权转让业务。该平台上的互联网金融产品预期收益率较高，产品期限较短，在推出之后交易规模迅速扩大。截止到 2014 年年底，该平台上成交的金额达到约 740 亿元。然而，e 租宝上发布的产品基本上都是虚构的，募集而来的资金根本没有投资到相应产品或具体项目，而是被 e 租宝的实际控制人非法转移并用于个人挥霍。[②]

泛亚事件与以往的非法集资事件相比更为复杂，它以所谓的有色金属投资为名，以云南泛亚有色金属交易所为平台，推出了"日金宝"形式的理财产品，并承诺给予投资者较高的年化收益率。在监管缺位的情况下，泛亚先后吸收了全国范围内 22 万投资者 430 亿元的资金，其中确定无法追回的资金达到 360 亿元，给投资者造成了严重的经济损失。

以上简要列举的几个"事件"充分说明了目前我国金融体系所存在的一些严峻问题，在此背景下有必要深入思考金融市场制度和金融监管体系的改革创新问题。

[①] 参见缪因知：《证券交易场外配资清理整顿活动之反思》，《法学》2016 年第 1 期。
[②] 参见韩丹：《互联网金融理财法律监管问题探析——以 e 租宝为例》，《武汉金融》2016 年第 6 期。

1. 有效监管银行的表外业务

实际上，无论是钱荒现象的出现，还是股灾现象的发生，都和商业银行近年来大量开展的表外业务存在密切关联。

传统商业银行主要以存款、贷款业务为主营业务，特别是以贷款业务作为自身的主要营利渠道。但是近年来受制于存贷比考核、信贷额度控制、宏观调整政策的影响，商业银行的贷款业务受到较多的限制。为了突破上述限制，商业银行尝试通过多种方式大量开展了表外业务，将资金投放到利润更多、周期更长但风险更高的房地产、基础设施建设、资本市场投资等业务当中。特别是通过信托公司、基金公司子公司等金融机构通道，商业银行实现了跨市场、跨领域的运用。

在传统的金融监管体系下，银行的表外业务并未得到有效充分的监管，特别是对于那些跨市场、跨领域的表外业务而言，更是没有纳入传统金融监管框架之下。例如，在去年的股灾过程中，商业银行的大量理财资金通过认购信托计划优先级份额的方式进入资本市场，在很大程度上助推了股票市场的迅速走高。但是，对于这种跨市场的资金运用方式，银监会和证监会开始并未加以有效的监管，直至监管机构发现可能引发系统性风险的时候才"匆忙"采取了不成熟的监管措施。

实际上，商业银行表外业务引发的金融风险不限于资本市场领域，如果继续对之加以放任而不给予有效监管，就可能在其他领域也引发严重的金融风险，甚至可能对于商业银行的正常运营带来严重损害，极端情形下甚至可能危及整体金融体系的稳定。因此，必须对商业银行的表外业务加以严格的监管。[①]

2. 有效监管资产管理业务

近年来，我国资产管理行业得到了快速发展。资产管理机构的数量不

---

① 参见沈伟：《中国影子银行风险及规制工具选择》，《中国法学》2014 年第 4 期。

断增加，管理的金融资产规模也日益增长，投资者的群体也不断壮大，对于经济社会发展的影响也不断加深。

但是，由于资产管理根本立法的缺失和顶层制度设计的不足，我国的资产管理行业发展依然面临较多的问题。举例来说，资产管理机构的管理水平有待提升，在受托人义务的履行方面尚存在较多问题，一些机构严重违背忠实义务和谨慎义务的受托管理资产行为尚未被追究相应法律责任；合格投资者制度尚有待完善，一些复杂金融产品被推介给了不具有相应风险识别能力和风险承受能力的投资者，严重侵害了金融投资者的合法权益；金融产品销售推介过程中存在虚假陈述、隐瞒信息甚至恶意欺诈等情形，没有给金融投资者充分有效地披露金融产品的相关信息；资产管理行业普遍遵循"刚性兑付"的逻辑，不能按照受托管理财产独立性的原则处理相应金融产品的兑付问题，严重扭曲了金融市场的风险处置逻辑。

由于资产管理业务本身具有跨市场、跨领域的属性，因而在传统金融监管体系下并未得到有效的监管。而从近年来资产管理行业出现的乱象来看，必须对之有效的监管，否则也容易导致金融体系系统性风险的发生。

具体来说，应当从以下几个方面强化对于资产管理法制的建设：一是准确把握资产管理业务的法律关系定位。实际上，这些资管产品体现的法律关系均为信托法律关系。基于此种法律关系定位，各类资管产品投资者的法律地位和权利体系就能得到更准确的定位，资管产品管理者的权益职责也能加以更明晰的界定，资管产品监管者的规制调整亦可获得更全面的实施。二是有必要制定统一的《信托业法》，对于各类资产管理法律关系加以统一调整，使得资产管理法制整体框架能够得以建立完善，进而更好地规范各种资产管理产品的发展。三是建立统一的资产管理行业监管体制实有必要，以便从根本上防止监管套利问题的产生。四是有必要强化各类资管产品的适格投资者管理，使他们对于产品风险具有充分的了解认知，并且在投资相应产品之后愿意承受相应的投资风险。当然，更为重要的是要打破所谓的"刚性兑付"问题，使各类资管产品能够得到真实的风险定价，促使各类资管主体的业务从"被动管理"向"主动管理"转型，进而推动资产管理行业发展的进一步市场化。五是有必要强化资产管理受托人信义义务的"具体化"和"实质化"。受托人对于各类资管产品交易结构的设计、风控措施的安排、存续管理的实施等应当尽职尽责，履行作为专业金融机构的管理义务和注意义务。同时，受托人应当严格履行忠实义务，禁止从事特定关联交易。六是让更多的资产管理产品纠纷争议进入司法裁判领域，确保法院在资管法制的完善过程中发挥重要作用，让受托人的信义义务能通过具体的司法裁判加以"具体化"和"实质化"，受益人的合法权益也能在司法层面获得更好的保障。①

3. 有效监管互联网金融业务

近年来我国的互联网金融业务得到了快速的发展，日益成为既有金融制度体系的重要补充。但是由于立法的缺陷和监管的滞后，互联网金融的发展也出现了较多的问题，如同上文提到的 e 租宝就是典型的案例，互联网金融制度形式被恶意利用，对于经济社会的发展产生了不利影响。在此背景下，必须充分加强对于互联网金融业务的监管。

当然，对于互联网金融业务的监管必须充分考虑到其特殊性。互联网金融属于新兴事物，监管机构必须充分意识到互联网金融机制的特殊性，并在此基础上考虑相应金融监管制度的构造。从本质上看，互联网金融并没有改变金融的本质，其功能依然体现在资金融通、发现价格、支付清算、风险管理等方面，没有超越既有金融体系范畴，在监管制度设计时必须充分考虑这一特征。但互联网金融在一定程度上超越了时间和空间限制，涉及较多的投资者，具有一定的公共性，容易违反金融管制法规甚至引发系

---

① 参见夏小雄：《我国资产管理法制面临八大挑战》，《经济参考报》2016 年 11 月 1 日第 008 版。

统性风险。因此，需要尽快将互联网金融纳入法治化监管框架，强化对于互联网金融开展机构和具体业务的全面性、动态性监管，切实有效防范机构性风险和系统性风险的发生，严厉打击互联网金融领域的违法犯罪行为，切实有效地保护互联网金融领域的各类投资者。①

（三）我国金融监管体系的结构性缺陷

面对上文所述的各种现实问题，我国既有的金融监管体系并未能有效加以应对。"近来频繁显露的局部风险特别是近期资本市场的剧烈波动说明，现行监管框架存在着不适应我国金融业发展的体制性矛盾"。② 事实上，对于上海自贸区金融监管制度建构而言，既有金融监管体系存在的问题恰恰是需要努力加以克服的。

1. 分业监管带来的问题

我国目前的金融监管体系属于分业监管的体系。银监会、证监会、保监会分别对于银行业、证券业、保险业加以监管。这种监管体系对于我国金融业的发展起到了有效的规制作用。但是，随着近年来金融机构、业务和规模的快速增长，金融混业经营活动的大量增加，创新金融产品不断出现，跨领域的金融套利行为也不断出现。由于各个监管机构在监管目的、监管标准、监管手段等方面的不一致，导致了监管套利、监管真空、监管冲突等一系列问题的产生。③

（1）监管套利问题。由于监管标准的不一致，金融机构就可以充分利用监管标准的不一致进行套利。这在近年来银行金融机构和非银行金融机

---

① 参见谢平等：《互联网金融监管的必要性与核心原则》，《国际金融研究》2014 年第 8 期；张晓朴：《互联网金融监管的原则：探索新金融监管范式》，《金融监管研究》2014 年第 2 期。

② 参见《习近平：关于〈中共中央关于制定国民经济和社会发展第十三个五年规划的建议〉的说明》。

③ 参见卜永祥：《金融监管体制改革研究：问题与方向》，《财新网》专题报告，对于该报告可以在如下网址加以访问：http://opinion.caixin.com/2016-02-23/100911617.html。

构开展的金融业务中体现得尤为明显，比如商业银行和信托公司的银信合作业务、商业银行和证券公司（基金公司）合作开展的资产管理业务、商业银行和保险公司合作的银保业务、金融控股公司之间的交叉金融业务等都存在较为明显的监管套利行为。

举例而言，信托公司的集合资金信托计划业务和基金子公司的集合资产管理计划业务本质上属于同一种金融产品，均应按照信托法去界定相关当事人的权利义务关系，对其监管原则上也应适用同一标准。但是，对于这两种产品的监管分别归属于银监会和证监会，银监会对于集合资金信托计划的监管标准严于证监会对于集合资产管理计划的监管标准。在此背景下，一些金融机构就充分利用监管标准的不一致，通过"集合资产管理计划嵌套单一资金信托计划"的方式实现监管套利，规避监管要求。

金融监管套利行为的发生和我国金融宏观审慎监管缺失、偏重于规则监管却忽略了原则监管等因素存在密切关系，但最为重要的原因还是当下分业监管格局的体系。当下各类影子银行金融业务的开展恰恰是利用了不同行业监管规则不一致的缺陷，在金融监管"盲区"从事套利行为。

对于金融领域的监管套利行为，有必要强化宏观审慎监管原则的贯彻，积极运用原则性监管的方式，通过有效贯彻"实质性监管"原则穿透识别套利行为的本质，使其能够有效纳入金融监管体系之下，实现对套利行为的有效监管和风险防范。①

（2）监管真空问题。由于各个监管机构多专注于自身监管领域的监管，对于跨领域、跨市场的金融产品和金融机构没有加以严格监管。这种"各家孩子各家管"的监管思路在实践中导致了金融监管真空地带的问题。这在金融控股业务的监管、跨市场和跨领域金融业务的监管中体现得尤为明显。

---

① 参见鲁蓠：《中国影子银行的监管套利与法律规制研究》，《社会科学》2014年第2期。

我国金融控股集团越来越多，这些金融控股集团利用自身的众多金融牌照开展了大量混业金融业务，其中一些跨领域、跨市场的金融产品往往具有较高的风险性，如果不能对之加以有效规制，往往可能引发严重的风险。例如，曾经的德隆系是一个典型的金融控股集团，但是因为其业务没有受到有效的监控，最终导致了严重经营风险的发生。在此背景下，需要加强对于金融混业业务的功能性监管，避免金融控股公司监管真空地带的出现。[①]

上文所述的股灾中出现的各类形式结构化配资，就其交易结构而言原则上应当由证监会和银监会共同加以监管，但依据监管机构传统的监管思路，这类产品可能并不属于自己的监管领域，因而不会以穿透式监管的思维去有效规制这类交易的开展。恰是由于监管的缺失，导致这些产品得到无序发展，最终直接助推了前期股市快速上涨，并影响了后期指数暴跌。

（3）市场体系问题。由于监管机构的分立，在一定程度上也导致了我国金融市场体系的分割，这在债券市场方面表现得尤为明显。例如，目前我国的债券被人为地分割为公司债、企业债、中期票据、短融工具等形式，并分别在不同机构主管的市场发行并交易。但是，各个主管机构制定的监管规则并不一致。其中，银行间交易商协会主管的短期融资券和中期票据发行基本执行注册制，对发行主体的信息披露要求较高；证监会负责管理的公司债发行执行核准制，债券发行的寻租空间较少；但发展改革委主管的企业债发行执行审批制，并且欠缺完善的信息披露制度，发行环节中往往存在巨大的寻租空间，常发生不法利益输送行为。[②]

类似的市场体系分割问题在我国金融体系的其他领域也存在，比如前文提及的资产管理市场就被人为地分割为银行理财产品、集合资金信托、

---

① 参见孙美芳：《强化金融混业的功能监管》，《中国金融》2016 年第 5 期。
② 参见蒋大兴：《被忽略的债券制度史：中国（公司）债券市场的法律瓶颈》，《河南财经政法大学学报》2012 年第 4 期。

资产管理计划、保险资管计划，对于这些本质上具有相同法律属性应当适用相同法律规则的金融产品，目前我国并未制定统一的法律加以调整，也没有确立统一的监管制度体系。

（4）创新变异问题。在分业监管的体系下，各个监管部门为了自身的利益，对于改革创新往往持谨慎的态度，往往不能及时回应经济发展创新变革的规制需求。这往往也导致金融领域的创新改革受到抑制。例如，当下监管机构对于金融创新的回应能力不够，对于一些适应经济社会发展需求的创新变革往往不能及时推出监管政策，如对于民营银行、私募基金、互联网金融的发展目前尚缺乏充分有效的监管，监管的滞后在一定程度上也造成了大量社会问题的发生。

2. 宏观审慎监管缺失

除了分业监管之外，目前我国金融监管体系的另外一个重要特点便是中央银行和金融监管的分立。事实上中央银行承担着制定和实施货币政策、维护支付系统正常运行、维护金融市场稳定等职能，在宏观审慎监管工作中发挥着更为重要的作用。但在我国分业监管的体系下，对于银行业、证券业、保险业的监管权限分别被赋予了银监会、证监会、保监会，中央银行事实上并没有对金融机构特别是系统性重要金融机构的直接监管权限。中央银行的宏观审慎监管职责和权限也没有得到明确的界定。这些因素也导致我国无法有效建立宏观审慎监管框架，不利于金融系统性风险的防范和应对。[1]

（1）减弱了对于系统性风险的识别能力。对于系统性风险的识别有赖于充分金融信息的获取。在复杂的现代金融体系下，必须建立统一的金融信息体系才能有效识别系统性风险。我国现有的分业经营、分业监管体系

---

[1] 参见尹继志：《中央银行在宏观审慎监管监管体系中的地位和权限》，《财经科学》2011年第1期。

已经导致金融信息一定程度的割裂化，更为重要的是，各个金融监管机构和中央银行之间也缺乏有效的信息对接机制。这就在一定程度上会导致金融监管信息"盲区"的出现，不利于金融监管机构从整体上识别风险、防范风险。特别是在互联网经济日益发达的当下，金融业务已经逐步虚拟化、表外化，按照传统的信息收集方式往往无法收集到完整的金融信息，这也导致监管机构无法有效判断金融系统性风险。上文所述的股灾和各类形式的互联网金融骗局即是明显的例子，在这些案例中监管机构事前并没有有效收集、识别到相关风险信息，因而也没有提供有效的风险应对方案。

（2）减弱了对于系统性风险的应对能力。在传统的分业监管体系下，各个监管机构多是专注于具体金融机构的经营风险问题，对于系统性风险的关注较为欠缺。对于系统性风险的监管应对多是由中央银行履行相应职责，中央银行往往是通过利率、汇率等手段对基础性金融资产价格进行调整。在中央银行和监管机构分离的背景下，中央银行往往不了解日常监管信息，其深入掌握信息、判断金融风险往往需要耗费较长时间，宏观审慎监管措施的采取往往很难做到及时准确，这就影响到了金融体系应对系统性风险的能力。有学者就通过实证研究证明了中国人民银行对于宏观审慎监管的作用并没有得到充分发挥，而其重要原因便是"在现有金融监管体制下，分工监管标准不一，监管不协调，监管当局不可能从宏观经济整体出发采取整体有效的监管措施，甚至有可能为推卸责任而各自为战"。[①]

（四）上海自贸区金融改革的监管难题

上海自贸区金融改革创新虽然取得了较好成绩，但是也存在一些问题。而随着上海自贸区金融改革的深化，必然会出现越来越多的新问题。

---

① 参见李成等：《宏观审慎监管视角金融监管目标实现程度的实证分析》，《国际金融研究》2013 年第 1 期。

如若不能有效解决这些问题，自贸区金融开放创新也将受到不利影响。因此，对于这些问题自贸区金融监管体系必须积极回应、妥当处理。

1. 资本流动风险

随着人民币资本项目可兑换、利率市场化、汇率市场化等改革的推进，资本流动的管制将会在一定程度上加以放松，这就可能导致自贸区内外资金的大规模流动。对于资本的异常流动如不加以有效管制的话，可能会引发金融风险。特别是对于短期国际资本而言，上海自贸区的金融改革可能为它们的套利套汇需求提供了良好的机会，在我国利率和汇率尚未完全市场化的情况下，它们可能会利用自贸区的相关政策大量进入并寻求套利空间。短期国际资本的异常流动可能会对我国的金融市场和汇率稳定产生冲击，可能会刺激金融资产泡沫的形成。对于短期资本的流动风险，自贸区金融监管机构必须要对其加以有效的检测、预警和控制，防止套利资金的大举进入，同时建立有效的制度防止自贸区区内区外双轨之下的金融套利。[①]

2. 利率市场化风险

利率市场化是上海自贸区金融开放的重要内容，也是关系到上海自贸区金融改革能否成功的关键要素。但是，利率市场化改革也可能带来以下风险：

在利率市场化之后，上海自贸区之内的商业银行等金融机构之间的竞争会加剧。由于存贷款之间利差会随着利率市场化不断缩小，传统意义上依靠"吃利差"的商业银行盈利模式必须进行变革，商业银行的表内盈利能力将会显著下降。为了在激烈的竞争中获得生存空间，一些商业银行可能会倾向于从事高利率、高风险的贷款业务，这就可能导致经营风险的累

---

① 参见罗素梅：《自贸区金融开放下的资金流动风险及防范》，《现代经济探讨》2014年第7期。

积，最终可能导致商业银行的经营不善甚至破产清算。[①]

在利率市场化之后，利率的变化对于上海自贸区内的企业也会产生较大影响。特别是利率的波动会对企业的生产成本、融资成本、市场竞争等因素带来风险。举例而言，当融资利率上升时，企业的融资成本就可能显著上升，这就会对企业的营利水平产生重大影响，一些未能采取利率风险防范的企业可能因之而变成亏损状态。此外，由于上海自贸区区内利率和区外利率的不一致，一些机构和个人可能会利用这种利率差异进行套利行为。例如，通过各种途径将自贸区外的资金转入自贸区内，以获取更高的存款利息收入。[②]

3. 金融调控风险

在人民币资本项目可兑换、利率市场化、汇率市场化改革之后，上海自贸区内的金融市场将会变得更为市场化和国际化。然而，这对上海自贸区的金融监管制度特别是宏观审慎监管也带来了新挑战。在传统的金融监管制度下，利率、汇率是中央银行的主要调控工具，但在利率市场化、汇率市场化的背景之下，原有的有效调节工具在一定程度上就已经"失灵"，中央银行必须发展出新的有效调节手段。

4. 导致系统风险

金融改革与其他改革不一样，它始终具有"牵一发动全身"的整体性效应，其影响效果不是局限于特定区域，即上海自贸区的金融改革也是如此。在上海自贸区的金融改革创新过程中，改革措施稍有不慎就可能成为整个金融业系统性崩溃的"特洛伊木马"。如果不能在上海自贸区区内和区外建立严格的"防火墙"，追利的资本就可能越过自贸区区域界线，利用我国金融体系尚未完全市场化的缺陷实行套利行为。这种行为可能会给我

---

① 参见连平：《积极应对利率市场化风险》，《中国金融家》2014 年第 4 期。
② 参见李茁：《上海自贸区利率市场化风险分析与建议》，《经济研究参考》2015 年第 67 期。

国金融体系带来严峻的系统性风险，进而严重影响经济社会的稳定发展。

（五）上海自贸区金融监管的制度需求

在此背景下，上海自贸区的金融监管制度建构就需要从以下几个方面加以展开：

1. 防范系统性风险

从上文的分析可以看出，上海自贸区金融改革的深化可能会带来新的风险。特别是随着利率市场化、汇率市场化、人民币国际化等改革的推进，以及大量民营金融机构和外资金融机构的设立，上海自贸区内的金融创新产品将会更为丰富、金融行业竞争将会更为激烈、金融风险因素将会更为复杂。不同金融机构、不同金融行业、区内区外金融市场、国内国际金融市场之间的金融风险传递也将加速，一旦上海自贸区某个大型金融机构、某个重点金融行业发生风险，就可能影响到上海自贸区乃至全国、全球金融体系的稳定。

在此背景下，上海自贸区金融监管就不能只专注于具体金融机构的风险监管，而应将监管重点转换为整体金融市场的稳定和系统金融风险的预防。这是上海自贸区金融改革的实践情况所决定的，也是应对已经发生的和即将发生金融风险的最佳策略。[①]

2. 改变分业监管格局

分业监管是我国金融监管体系最为显著的制度特征。如同上文所述，我国金融业分业监管的格局有其历史合理性，在过去十多年的金融监管实践中也发挥了其积极功能。但是，在面对上海自贸区复杂多变的金融风险形势时，既有的分业监管体系虽然能够解决部分问题，但是对于更多疑难监管难题的处理可能存在功能缺陷。而随着上海自贸区金融改革的深化，

---

① 参见张瑾：《扩区后上海自贸区系统性金融风险分析》，《上海经济研究》2015 年第 4 期。

更多挑战现有分业监管格局的疑难问题将会出现，在此背景下就必须适度调整既有的分业金融监管体系，通过建立更为有效的监管制度体系实现对于整体金融市场、全部金融体系、所有金融业务的覆盖性监管，避免监管真空地带的出现。

3. 监管机构和人民银行的功能整合

在既有的金融体系下，人民银行和银监会、证监会、保监会、国家外汇管理局等监管机构在监管职责上是分立的，在金融体系不断市场化、国际化的背景下，这种分立监管格局需要适度加以调整。

对于上海自贸区而言，利率市场化改革、汇率市场化改革、人民币国际化等改革绝非人民银行或者某个专业性金融监管机构的职责，而是需要所有这些监管机构协力合作，就具体改革措施的推出进行整体性论证、体系性规划，否则上述改革创新举措不可能取得成功。另外，对于这些改革引发的风险也需要从宏观层面和微观层面两个维度加以防范，而这也需要人民银行和其他监管机构的充分协作。

因此，在上海自贸区金融监管体系框架下，必须加强人民银行和其他监管机构的功能整合，确保宏观审慎监管和微观审慎监管能够得以有效结合，进而为上海自贸区金融改革创新措施的推进创造良好的制度环境。[1]

4. 适应科技金融发展需要

随着互联网的发展和科学技术的进步，现代金融业的发展也在经历革命性变化，金融市场和金融服务的科技含量也越来越高。现代金融的监管治理同样必须积极回应现代科学技术的发展，突破传统观念和传统制度的约束，不断更新监管技术和调整监管制度。

对于上海自贸区金融改革而言，不能再停留在传统的金融体系框架之下，而是必须面向新科技和新技术的发展，在制度建构和监管技术层面作

---

① 参见宿营：《论上海自贸区宏观审慎监管政策》，《政法论丛》2014 年第 4 期。

出回应性调整。特别是就金融基础设施的建设而言，互联网技术的发展使得金融信息的获取、分析、整合变得更为迅速准确，金融交易也变得更为便捷、更为安全，对于具体金融风险和系统金融风险的研判、预警、处理也将会更为专业快速。

在此背景下，上海自贸区金融监管制度建设必须适应新时代互联网化的要求，建立完善的信息化金融基础设施，使得金融监管信息在金融监管机构间能够得到充分共享，并在此基础上确立有效的金融风险防范处理机制，使得上海自贸区金融监管体系能够充分的信息化、科技化、智能化。

四　上海自贸区金融监管体制建构的原则和理念

上海自贸区建设是在中国特色社会主义市场经济体制下和社会主义法治体系中，通过运行实态机制的试点实践，为市场与政府关系建构实验模型、筛选最优方案、塑型最佳模式。具体到金融监管而言，上海自贸区的试点实践也不是单纯的"地方试验"，而是具有全局性效应的"国家试验"。上海自贸区金融监管体系的建构也不能仅仅理解为地方事权的"扩大"，而应当视为国家事权和地方事权在金融监管范畴的重新调校分配。上海自贸区金融监管体系所需要调控的市场也绝非上海自贸区这一区域性的市场，其所面对的是全国性的乃至全球性的市场，因此必须按照市场经济的内在机理和固有逻辑来思考自贸区金融监管机构的权限、手段、方式等具体问题，必须按照全面深化改革、全面依法治国、全面简政放权的要求提升监管能力、增强监管水平。这是思考上海自贸区金融监管体系建构的立足点和出发点。

具体而言，上海自贸区金融创新监管必须实现以下四个原则：第一是"形式监管"和"实质监管"的结合，特别是按照"实质监管"理念强化制度建构，使得金融监管的深度和广度能够得到拓展；第二是"静态监管"和"动态监管"的结合，特别是依据"动态监管"的理念完善事中事后监管，使得金融监管能够贯彻金融开放创新全过程；第三是"机构监管"和"功能监管"的结合，特别是突出"功能监管"的地位和功能，使得当下分业监管格局体系的弊端能够得到克服，加强各个监管机构之间的功能协调性、运作体系性；第四是"行政监管"和"自律监管"的结合，特别是强化自律监管的机制效用，提升金融市场和金融机构的自我治理水平，促进市场机制在资源配置过程中决定性作用的发挥。

尤其值得强调的是，面对当下金融开放创新过程中面临的诸多难题，必须突出重视"实质监管"理念的重要性，并以此为指导原则完善上海自贸区金融监管体系，切实提高金融监管能力。具体而言，"实质监管"机制应在以下几个环节得到贯彻：首先是监管对象识别，其次是监管手段选择，再次是监管效果预估，最后是监管事后评估。当然，这一监管机制需要进行更为体系化的阐释分析。

（一）上海自贸区金融监管体系建构需要贯彻的原则

中共十八届五中全会指出，"近来频繁显露的局部风险特别是近期资本市场的剧烈波动说明，现行监管框架存在着不适应我国金融业发展的体制性矛盾"。改革并完善适应现代金融市场发展的金融监管体制，全面提升金融治理体系和治理能力，已成为我国经济下行期推进供给侧结构性改革中防范系统性金融风险的必要条件，实际上也是我国金融业双向开放进程中维护金融稳定和金融安全的必然要求。

1. 以系统性风险防范为核心

发达国家金融危机以及我国近年来金融风险事件表明，系统性风险防范已经成为各国金融监管的核心内容。[①]

与单个金融机构的风险相比，金融系统性风险会威胁到整个金融体系的稳定，甚至可能对实体经济产生严重的损害。系统性风险的出现往往有较为复杂的原因，通常来说主要包括以下四个方面：①金融市场体系存在根本性缺陷，特别是信息不对称可能导致逆向选择和道德风险，并最终带来传染效应和挤兑效应；②金融市场体系本身的"脆弱性"，特别是金融机构的高杠杆、期限错配等运营方式造成了金融体系的内在不稳定，而在追求利润的目标影响下弱化风险管理、缺乏市场自律；③宏观经济周期和

---

① 对于系统性风险的系统介绍参见张晓朴：《系统性金融风险研究：演进、成因与监管》，《国际金融研究》2010 年第 7 期。

经济调控政策的失误，特别货币政策的不当运用可能罔顾宏观经济周期，进而造成严重的金融市场动荡；④金融市场主体的非理性选择，特别是在金融市场出现危机的时候市场主体的非理性从众行为往往会加剧系统性风险的扩展。

系统性风险的发生往往不能轻易预测，因为其发生演进机制具有自身的独特特征，而理论界和实务界此前对于这一方面的研究不够深入。系统性风险往往会经历一个较长的累积过程，在这个过程之中并不会对金融体系产生严重的影响。而当系统性风险积累到一定程度的时候，在某些突发性事件的影响下，如金融机构的倒闭、货币政策的调整等，系统性风险就会突然爆发。此后，系统性风险就会迅速向整个金融体系乃至国际金融市场进行传递扩散，金融机构的资产迅速缩水，投资者信心崩溃，整个金融市场就不能再有序运转。

对于系统性风险的防范而言，日常的金融监管手段往往不能轻易识别，这也给金融监管工作带来了严峻的挑战。目前，各国金融监管机构对于系统性风险的防范尚处于探索阶段，所采纳的监管措施基本上可以分为以下几类：一是对金融机构、金融市场、金融产品实行全覆盖监管，特别是对于此前不受重视的非银行金融机构、场外金融衍生品、对冲基金、支付清算体系等严格加以监管；二是强化对金融体系中系统重要性金融机构的监管，在资本充足率、并表监管、公司治理机制等方面提出更为严格的要求；三是引入逆周期的监管政策工具，通过限定资本、拨备、杠杆率等要素限制系统性风险的累积。

对于上海自贸区的金融监管体系建构而言，系统性风险的防范也是必须坚持的首要原则和核心内容。这是上海自贸区金融改革本身的特征所决定的。尤其是在我国尚欠缺系统性风险防范经验的背景下，上海自贸区更应当强化系统性风险防范的制度建设，在系统性风险评估、监管方面探索新路径、积累新经验。

2. 强调适度的风险容忍

上海自贸区推行的金融改革措施相对而言具有较强的创新性，基本上触及了我国现有金融制度体系的重要方面，而且在一定程度上均具有"颠覆性"和"革命性"。在这些金融改革创新的推进过程中，也难免会引发各种形式的金融风险。但是，不能因为这些风险因素的存在就停止上海自贸区金融创新改革的步伐，正确的态度是正视这些风险因素的存在，并不断完善金融体系和监管制度进而有效控制这些风险要素的发生。

因此，对于上海自贸区内的金融创新行为必须保持一定的风险宽容度，允许它们在一定范围内的"试错"。只有经过不断的"试错"和"试验"，上海自贸区金融改革才能寻找最合适的方向和路径。在此背景下，上海自贸区金融监管机构不能因为风险问题的存在就对这些金融创新行为施加严格的监管从而扼杀创新变革的空间，与之相反，必须对于"试验性"的金融改革措施保持鼓励态度。[1]

当然，强调适度的风险容忍并不意味着完全忽视风险的存在。在上海自贸区金融改革试验过程中，对于已经出现的金融风险因素必须及时进行分析，梳理清楚其发生原因和作用机制，并需要提出针对性的规制方案。如同上文所述，恰是这些微不足道的细微风险因素最终可能导致上海自贸区金融体系系统性风险的产生。因此，"既要大胆尝试、敢为人先、敢于改革，也要密切监测风险、防范风险"。[2]

3. 强化宏观审慎监管

在强化系统性风险预防的背景下，就必须强化宏观审慎原则的贯彻。宏观审慎监管是与微观审慎监管相对应的概念，后者更强调对于个别性金融机构的经营监管和风险防范，而前者则强调对于整个金融体系的风险防

---

[1] 参见周振海：《应对自贸区金融改革挑战》，《中国金融》2016 年第 14 期。
[2] 参见张新：《把握好改革和防范风险的关系，扎实推进上海自贸区金融改革》，《金融时报》2014 年 3 月 10 日第 005 版。

范和稳定治理。

微观审慎监管的目标在于防止单个金融机构的破产，对于金融体系整体层面的风险却不加关注；宏观审慎监管以识别和预防系统性风险为目标，对金融系统进行整体性监管的监管理念。具体而言，宏观审慎监管的目标在于保证金融体系的稳定，防止系统性风险的出现对于经济发展产生不利影响；宏观审慎监管的重点在于系统重要性机构，而不会过分关注单一具体金融机构的经营状况；宏观审慎监管的方法具有整体性，强调从金融系统的体系性视角监测系统性风险，既关注经济周期可能产生的金融风险，又重视金融机构之间的风险传递。

在上海自贸区深化金融改革的背景下，加强宏观审慎监管主要是基于以下几个原因：上海自贸区内金融创新将会在广度上和深度上不断拓展，各类金融机构将会不断推出各类复杂的金融产品，这些金融产品所引发的风险可能不会限于单个金融机构，但一般金融风险发生就可能传递到金融体系下所有金融机构；上海自贸区金融改革有可能出现金融机构、金融业务同质化现象，比如金融机构都将资金投资在同一行业领域或同一类型产品，一旦该行业或该产品因为外部市场冲击而出现不利情况，上海自贸区内同质化的金融机构就可能遭受严重影响，甚至引发系统性危机；随着上海自贸区金融体系的进一步国际化，其他地区和国家的金融风险可能会传递到上海自贸区金融体系，为了有效抵御国际性金融风险的传递，必须加强宏观审慎监管。[①]

就上海自贸区的金融监管完善而言，强化宏观审慎监管进而防范系统性风险是"头等大事"。上海自贸区金融监管体系的建构必须积极借鉴国外宏观审慎监管经验，建立全面的宏观审慎监管体系，在金融创新和金融

---

① 参见苗永旺、王亮亮：《金融系统性风险与宏观审慎监管研究》，《国际金融研究》2010 年第 8 期。

稳定等目标之间实现合理平衡，积极促进上海自贸区金融业的稳定可持续发展。

4. 扩大金融监管范围，突出全面监管原则

在我国目前分业监管的格局下，银监会、证监会、保监会分别对于银行业和信托业、证券业、保险业进行监管。这种监管模式固然有助于提高监管机构的专业化程度，也能避免监管权力过于集中带来的弊病。但是，这种监管体制如同前文所分析的也有其弊端，比如不同监管机构之间的协调较为困难；监管权力的边界不容易界定，会经常发生权限冲突或权限真空的局面；对于同类的业务不同监管机构可能坚持不同的监管标准。在此背景下，需要引入综合性监管机制克服机构性监管机制的诸多弊端。

综合性监管强调对金融市场和金融体系的整体性监管，在对所有金融业务加强监管的同时，也要保持自身的统一性和灵活性。综合性监管原则的引入可以使得金融监管机构能够更为全面综合地监控金融机构及其业务运行情况，特别是对于那些综合性金融机构和跨市场金融产品的风险加以严格监测；确保对于同类型业务监管标准的一致性，防止监管漏洞和监管冲突的出现，避免监管套利行为的发生；能够减少不同监管机构之间的职责竞争以及相应的"监管俘获"问题，确保有限监管资源的高效运用。①

由于上海自贸区金融改革将使得上海自贸区金融体系更为复杂，综合性金融机构和跨市场金融产品会大量出现，在传统的分业监管体系之下，这些金融机构和金融产品可能无法得到有效监管。因此，就上海自贸区的金融监管而言，必须依据综合性监管原则的要求完善金融监管体系，并且强化金融监管的全面覆盖原则，也即对于上海自贸区内的金融机构、金融产品必须进行实质化监管。

---

① 参见张晓朴：《金融监管体制选择：国际比较、良好原则与借鉴》，《国际金融研究》2012年第9期。

5. 层次化、动态化监管

上海自贸区的金融改革创新是全方位的、体系化的，相应的金融监管也应是全面的，监管措施也应是丰富多样的。但是，对于不同金融业务的监管应当体现出差异化、层次化的原则。对于那些风险高、影响大的金融业务，应当建构更为严格的监管机制，尽量加以全面的监管，确保不出现严重的金融风险；对于那些风险低、影响小的金融业务，可以建构较为宽松的监管机制。上海自贸区的金融监管应当体现出层次分明、结构完善的格局。

同时，上海自贸区金融监管制度应当满足"动态化"的原则性要求。对于金融机构和金融业务的监管不能局限于事前监管环节，而应当强调以事中事后监管为重点。特别是在上海自贸区降低金融机构设立门槛和创新金融产品结构模式的背景下，更应当对金融机构的运营和金融产品的存续加强风险监控，防止风险事项的出现。

此外，上海自贸区金融监管机构应当定期对金融监管体制和措施进行合理性评价，对于不合理的监管制度和监管措施及时加以调整，确保金融监管措施从根本上符合比例性原则的要求。

6. 原则性监管和规则性监管相结合

原则性监管强调加强对于监管对象的引导，而不干涉其具体经营；规则性监管则重视对于监管对象具体业务的监管，要求监管对象按照监管机构确定的方式和程序开展相关金融业务。在规则性监管体系下，经常可能发生规则漏洞的情形，对于一些创新金融交易可能难以找到相应的监管规则，监管机构如果僵硬执行规则监管的话，就不能按照金融监管的实质精神有效规制相关行为。规则性监管因而不具有较好的灵活性和适应性，在一定程度上也可能构成对监管对象的刚性约束，不利于他们开展金融创新。原则性监管模式则可以在一定程度上弥补规则性监管的缺陷，各项金融监管原则本身具有一定的概括性和抽象性，经过解释之后往往能够广泛覆盖各类金融创新行为。原则性监管具有较好的适应性，也能够为监管对象提供充分的金融创新空间，有利于实质监管目标的实现。但原则性监管也存在监管内容不确定、容易导致监管缺位等问题。可以说，原则性监管和规则性监管各有利弊，具有各自的功能机制。[①]

在我国既有的金融监管体系下，通常更加重视规则性监管的地位和功能，对于原则性监管的机制则是重视不够。但是，这种状态已经不能和金融制度深化改革的需求相适应，对于上海自贸区的金融改革而言尤其如此。

对于上海自贸区的金融监管制度建构而言，不能只重视原则性监管或规则性监管，而应当将两者有效地结合利用。这是上海自贸区金融改革创新的固有属性所决定的。对于金融创新业务而言，原则性监管能够给予监管对象方向性的指引，给予其充分的创新改革空间；规则性监管则能为监管对象提供具体的行为规范，便于其把握具体创新行为的合法性边界。只有两者同时有效得到开展，特别是针对监管机构的属性、监管事项的差异、监管领域的不同、监管阶段的进展等要素灵活采取监管策略，上海自贸区的金融改革创新才能得到有效推进。[②]

7. 强化金融消费者保护

金融消费者保护是近年来国际金融监管改革的共同趋势。金融消费者或金融投资者本身是金融市场体系的重要参与主体，对于金融市场的健康发展具有重要的意义。在现代金融日益复杂化的情况下，必须对金融消费者提供倾斜性的权利保护，确保他们能够充分获得金融产品的相关信息，并不会受到欺诈、操纵等行为的影响。近年来，加强金融消费者保护已经

[①] 参见刘轶：《金融监管模式的新发展及其启示——从规则到原则》，《法商研究》2009年第2期。
[②] 参见方天智：《规则导向与原则导向：当代金融监管模式的缺陷及其解决对策》，《甘肃政法学院学报》2011年第1期。

成为全球各国金融立法共同趋势，各国金融监管也将金融消费者保护视为重要职责。

对于上海自贸区金融改革而言，尽管要充分强调创新的推进，但不能因之而弱化对于金融消费者的保护。特别是随着上海自贸区金融改革的推进，金融机构可能会推出结构复杂、风险较高的金融产品，如果金融消费者不能够获得这些产品的充分信息，很可能出现被误导、被欺诈的情形，进而造成合法权益受到严重损害。而在传统的争端解决体系下，这些金融消费者可能难以得到有效和充分的救济。在此背景下，必须继续强化上海自贸区金融消费者的保护机制，特别是对于那些创新金融产品的投资者而言，必须为其提供强有力的权益保护手段，使得他们能够有效维护自身合法权益。特别是必须建构上海自贸区内的金融消费者争议解决机制，通过完善的争议解决程序机制确保金融消费者和金融机构之间的争议能够得到高效公正的解决。①

8. 强化金融机构自律监管

金融机构的自律监管是现代金融市场监管体系的重要组成部分，对于政府机构的行政监管来说构成有益的补充。在现代各国金融监管体系下，越来越重视交易所、行业协会等自律监管机构的功能作用。相对于行政监管来说，自律监管能够灵活快速地响应市场变化，及时有效制止和处理违法违规行为，保障金融市场的稳定、公平和有序，促进投资者权益的全面保护。

在上海自贸区金融改革过程中，需要按照"简政放权"的原则精神完善并强化自贸区金融自律监管机制。具体来说，应当通过上海自贸区金融改革立法明确自律监管机制的重要地位，并对上海自贸区内自律监管机构的法律地位、监管职责、监管措施、监管责任等加以明确界定，并鼓励金

---

① 参见代思浓：《上海自贸区金融消费者保护的调解机制》，《国际商务研究》2015 年第 2 期。

融细分行业成立各类行业协会加强自律监管。在我国金融体系下自律监管尚不够发达的情况下，可以通过上海自贸区金融机构自律监管的机制试验积累经验、探索路径，进而使得我国金融市场监管体系能够更为科学化、高效化。

9.严厉打击违法犯罪行为

在强调对上海自贸区内金融创新行为的"包容"和"鼓励"之外，还必须严厉打击惩治各类违法犯罪行为。金融行业的违法犯罪行为与一般的违法犯罪行为不同，往往具有更为不利的社会影响，可能对于经济社会发展带来更多不稳定的严重因素。在上海自贸区金融创新改革立法相对滞后、监管不够完善的情况下，可能就有一小部分不法分子利用立法的缺陷和监管的滞后实施违法犯罪行为，如在操纵市场、内幕交易、金融诈骗、走私洗钱等方面可能有新类型的表现形式，进而给金融创新改革的推进制造障碍、带来困难。如果不能对这些违法犯罪行为加以严厉打击，必然会影响到上海自贸区金融改革的稳步推进。[①]

因此，对于上海自贸区金融创新改革过程中出现各种新类型违反犯罪行为，必须有效加以打击，切实防范金融风险的发生。在此过程中，上海自贸区金融监管机构必须与人民检察院等机构加强监管合作，实现行政违法行为监管和刑事检察、行政和民事检察的工作衔接机制，严厉打击金融领域的各类犯罪行为。

（二）上海自贸区金融监管体系建构有待考虑的因素

在讨论上海自贸区金融监管应当确立怎样的体系结构之前，必须结合上文所讨论的监管理念原则讨论以下几点：

---

① 参见刘宪权：《中国（上海）自由贸易试验区成立对刑法适用的影响》，《法学》2013年第12期。

一是不存在绝对意义上的正确金融监管体系或模式，上海自贸区必须根据自身金融改革的实践需要建构相应的金融监管体系。就目前各国金融监管体系建构情况来看，机构性监管、功能性监管、综合性监管、双峰型监管等监管体系模式均由国家加以选择，从实践情况来看，这些国家的金融监管体系也都是各有利弊。单从金融监管体系构造的维度来看，没有一种模式可以被称为上海自贸区金融监管体系建构的绝对"效仿模板"。对于上海自贸区金融监管体系建构而言，更为重要的应是审视上海自贸区金融改革的实践情况和风险防范的客观需要，并在此基础上选择适合实践需要的金融监管模式。这是思考上海自贸区金融监管体系结构建构的出发点。

二是上海自贸区金融监管体系的建构并非越复杂越成熟，与之相反，金融建构体系的建构应当以简明化为原则。复杂的金融监管体系容易导致套利行为的发生，简单化的监管制度体系有助于提高金融监管的效率。对于上海自贸区金融监管体系建构而言，应当尽量降低金融监管体系的复杂性程度，使得监管机构、监管权限、监管程序、监管责任等要素尽量明晰，力求以最为简明化的体系结构实现最为高效化的监管目标。

三是上海自贸区金融监管体系的建构并非可以"一蹴而就"，而是必须根据上海自贸区金融改革的实践需要不断进行更新调整，使得监管体制和监管手段能够充分适应金融市场的风险特征。在此背景下，必须以动态发展的眼光审视上海自贸区金融监管体系的建构，并建立评估发展机制确保监管机构的设置、监管权限的赋予、监管措施的采纳等能够及时回应上海自贸区金融深化改革的需要。

四是上海自贸区金融监管体系的建构涉及多方面、多层次的利益。监管政策的制定机构必须充分考虑到现实环境因素的制约，在前期进行充分的沟通、协调甚至在一定程度上进行妥协，基于现实主义的立场而非理想主义的立场来设计上海自贸区的金融监管体系。上海自贸区金融监管体系建构必须充分考量区内和区外、国内和国外等多种要素，确保既符合上海自贸区的内在改革需求，又符合国家金融改革的战略结构安排并适应国际金融发展的竞争趋势要求。

五是上海自贸区金融监管体系的建构离不开高素质监管人才队伍的支持。现代金融监管本身具有一定的复杂性和专业性，只有专业化的金融监管人才队伍才能确保金融监管得到高质量的实施，上海自贸区的金融监管机构必须吸纳各类精英专业人才。

六是处理好目的和手段的关系。金融监管能力的提高是考虑一切问题的出发点，在此基础上防范金融风险、保障金融发展是金融监管体系建构的最终目的。金融监管体系的建构、金融监管措施的实施是实现上述目的的手段。在上海自贸区金融监管体系的建构过程中，不能忽略了目的和手段之间的内在关系，不能过于强调体系上的完备而忽视了目的上的正当。

七是必须考虑金融监管机构的约束和问责问题。金融监管机构的权限并非无限的，在实施具体金融监管行为时也必须受到实体法和程序法两个层面的限制。对于金融监管机构的不当监管行为，必须建立适当的问责机制，在必要的情形下追究监管机构和监管人员的法律责任。

八是强化金融监管信息机制的建设。现代金融体系的复杂性决定了金融监管必须建立更为全面、更为精确的金融信息机制，监管机构对于金融信息的掌握必须及时、全面。在此基础上，金融监管机构才能对金融体系风险进行准确的预测和研判，进而提出有效充分的金融风险规制方案。

（三）上海自贸区金融监管体系建构既有尝试的评价

事实上上海自贸区已在一定程度上按照上述原则理念尝试建构新的金融监管体系。在 2016 年 7 月份上海正式印发《发挥上海自贸试验区制度创新优势开展综合监管试点探索功能监管实施细则》（以下简称《实施细则》），强调将所有的金融服务业均纳入监管，进而实现金融监管的全覆盖，同时对涉及的金融服务、监管信息实现共享。

依据该《实施细则》的规定，上海推进金融综合监管试点的重要任务之一是强化行业、属地管理职责，重点加强对处于监管真空、交叉地带的机构和行为的监管，实现机构、人员、业务、风险全覆盖。

为了贯彻全面监管原则，《实施细则》规定了三个方面的重要措施：

一是实现对金融机构和金融行为的全面覆盖监管。目前上海自贸区正在编制"分业监管机构清单"和"重点监测金融行为清单"。分业监管机构清单涵盖了由一行三会及其派驻机构负责准入和日常管理的各类持牌金融机构，以及由市政府有关部门和区（县）政府负责管理的各类金融机构；重点监测金融行为清单列出包括 P2P 网络借贷、股权众筹融资、私募股权投资或私募证券投资、通过互联网开展资产管理和跨界从事金融业务等活动、以投资理财名义从事金融活动、非融资性担保以及其他疑似金融活动。

二是全面覆盖金融产品。《实施细则》强调加强各类金融产品特别是创新金融产品的监管，并特别规定了以下措施：规范金融产品设计、宣传、营销行为，加强金融广告信息监测和自动预警，对接广告监测、网络舆情监测、城市网格化综合管理、金融风险舆情监测等各类信息，支持行业协会建立理财产品登记和信息披露制度，重点推进互联网金融产品信息披露平台建设，完善产品信息披露和风险提示制度等。

三是全面理顺监管分工。《实施细则》提出以合同法律关系和产品属性为基础明确管理部门，统筹配置监管资源，强化综合监管和功能监管。对需要经过市场准入许可的行业领域，由相关监管或主管部门负责日常监管；对无须市场准入许可，但有明确监管或主管部门指导、规范和促进的行业领域，由相关监管或主管部门牵头负责日常管理；对没有明确监管或主管部门的行业领域，与金融功能有一定关联、难以直接定性的经营活动，根据业务实质认定业务属性，由联席会议明确相关工作牵头部门。

此外，《实施细则》还强调搭建监管信息共享机制，分类别、分层次、分步骤推进信息共建共享与互联互通，加强信息平台建设，提升分析预警能力，最终构建以"一个平台、两份清单、三类数据库、四种信息源"为框架的信息共享机制。一个平台，是指适时研究建立上海金融综合监测预警平台；两份清单，是指梳理形成分业监管机构清单和重点监测金融行为清单；三类数据库，是指机构信息数据库、产品信息数据库和从业人员信息数据库；四种信息源，是指金融管理与市场运行信息、社会公共信用信息、行业协会自律信息、媒体舆情与投诉举报信息。同时，《实施细则》还强调上海将建立金融综合监管联席会议，目的是通过加强组织领导和统筹协调，提升协调效率和响应速度，确保各项政策措施的有效落实。

上海自贸区在金融监管改革方面的尝试值得肯定。《实施细则》的制定既总结了过去几年上海自贸区金融监管改革的成功经验，又对未来上海自贸区金融监管的深化作出了更为全面的部署，对于上海自贸区金融改革系统性的防范能够起到至关重要的作用，对于未来全国范围内金融监管体制的改革也能积累经验。[①]

但是，这份改革文件是上海市层面制定的，而不是国家层面的系统性规划，从权威性和体系性的角度来看，这份改革文件依然存在较多不足。《实施细则》基本上是在现在分业监管的制度体系框架下设计监管改革方案，现有分业监管体制的弊端和问题不一定能够得到克服，对于上海自贸区金融创新改革过程中出现的新问题可能也难以回应；就具体监管措施来看，《实施细则》也偏重于微观审慎监管，对于宏观审慎监管的重视程度依然有所不够，未能充分建构起完善的系统性风险防范机制。因此，《实施细则》的改革彻底性依然有所不够，上海自贸区金融监管改革必须在更为宽广的历史视野内进行观察和思考，相应的监管体制建构也需要跳出上海自

---

① 参见《上海金融报》发表的评论文章《上海自贸区探路金融综合监管》。

贸区的地域视野限定，从立体化视角去考虑其实施机制的建构。①

　　在此背景下，需要结合上文所述上海自贸区金融监管应予坚持的原则理念去讨论上海自贸区金融监管的机制建构和实施机制。

---

① 参见李欣欣、马梅：《上海自贸试验区推进金融综合监管的难点与对策》，《科学发展》2016 年第 12 期。

五　上海自贸区金融监管体制建构的路径和实施

（一）重塑金融监管立法

上海自贸区的改革创新必须有法治的有力保障，各项改革创新措施的推进必须纳入法治化的框架。

在上海自贸区各方面的改革当中，金融改革全面而深入，涉及的利益关系最为广泛，带来的体系效应最为深远。同时，上海自贸区金融改革就其功能效应的角度来讲，必然不会只限于自贸区内，而且也会影响到自贸区外、全国乃至全球。在此意义上，上海自贸区金融改革更需要遵循法治的逻辑，在实质架构层面和程序操作层面均符合全面依法治国的要求。在依据"全面依法治国"要求全面推进上海自贸区金融改革过程中，必须同样实现金融监管的法治化。

就当下上海自贸区金融监管的立法而言，国家尚未针对自贸区金融监管确立专门的法律法规，各项监管规则散落于国务院文件、地方性法规、部门性规章之中，并且随着上海自贸区金融改革的推进而不断发展完善。

就上海自贸区既有的金融监管规则而言，虽然已经进行了较多的探索和取得了较多的成绩，但相对于我国当下的金融监管体系很难说已经取得了"实质性"突破。就其监管理念和监管架构而言，依然延续了我国当下分业监管的基本思路，监管体系和监管手段虽然也有所创新但依然需要深化完善。可以说，并未依据上海自贸区金融改革的实践需要创立完整的宏观审慎监管框架，也没有建构新型的监管机构和监管模式。从长远来看，在上海自贸区内"固守"或"沿袭"既有的金融监管模式必然不利于自贸区内金融改革的深化发展。

要促进上海自贸区金融监管的创新变革，首要的任务可能还是实现上海自贸区金融监管的立法重塑。如同本报告反复论证的，上海自贸区金融改革具有构造上的特殊性和功能上的重要性，相应的金融监管体系构造也必须充分反映出上述特征，在理念结构和制度体系等层面充分反映金融监管创新的需要。落实上述要求的最佳方式是通过专门立法将上述原则理念、制度体系加以成文化，进而从根本上重塑上海自贸区金融监管的体系结构。①

上海自贸区金融监管立法应当着力解决自贸区金融监管的原则方向和制度架构问题。具体而言，自贸区金融监管立法要明确是否应当引入宏观审慎监管框架、是否应当实现综合性监管、是否应当建立专门监管机构、如何赋予监管机构职责权限、如何确立监管实效评估机制、如何提炼可复制可推广经验、如何加强金融消费者保护等根本性问题。在上文的探讨中，我们已经对于这些原则性、理念性问题进行了一定的探讨，下文也将依据上海自贸区金融监管改革的实践需要进行更为具体化的论证阐释。上海自贸区金融监管立法需要对于这些根本性问题加以明确回答，并且通过法律规范加以具体落实。

就上海自贸区金融监管立法的具体形式而言，原则上即可由国家立法机关制定专门的《自贸区法》并在其中对于自贸区金融监管体系加以规定，也可以在国家立法机关授权基础上由上海市制定专门的《上海自贸区金融监管条例》。② 但就上海自贸区金融改革及监管需要来看，这些改革举措均是对于既有金融制度和监管体系的重大调整，由国家立法机关进行专门立法可能更为合适，这样也能更好地保障上海自贸区金融改革和金融监管工作的高效开展。③

---

① 参见沈国明：《法治创新：建设上海自贸区的基本要求》，《东方法学》2013 年第 6 期。
② 参见王建文、张莉莉：《论中国（上海）自由贸易试验区金融创新的法律规制》，《法商研究》2014 年第 4 期。
③ 参见李敏：《上海自贸区法律体系的现状反思和完善路向》，《南都学坛》2016 年第 1 期。

由于上海自贸区金融创新和金融监管也始终处在变革调整的过程之中，因而上海自贸区金融监管立法应当具有一定的灵活性和适应性，不能因为过于刚性的立法而对于金融创新变革的开展造成阻碍和束缚。换言之，上海自贸区金融监管立法在体系构造上必须具有开放性，在贯彻宏观审慎监管、综合全面监管、系统风险防范等理念基础之上，对于监管机构、监管权限和监管手段的规定应当具有灵活性，使其能够根据金融监管的实践需要不断加以调整，进而获得最佳的监管效果。

（二）强化宏观审慎监管

上海自贸区金融改革相对于既有金融体系是全方位的，既有利率市场化改革、汇率市场化改革、人民币资本项目可兑换改革等要素性改革，又有金融服务业开放、资本市场国际化、金融信息透明化等结构性调整。可以说，上海自贸区金融改革的复杂性和艰巨性远超过其他领域的改革，由此引发的风险也值得高度注意。

传统金融市场的风险多局限于特定机构、特定领域，特别是在严格分业经营、金融体系不够市场化和国际化的情形下，不同金融领域、不同金融机构之间的风险传递程度相对较低，难以引发或形成系统性风险。但在上海自贸区全面深化金融改革之后，金融市场体系各个组成部分的联系会更加紧密，金融风险在不同领域之间会充分传递且不断放大，以至于最终可能酿成系统性风险。

在此背景下，上海自贸区金融监管体系就不能沿袭传统制度架构，而是必须强调以系统性风险防范为核心，确立宏观审慎监管制度框架体系。

在上海自贸区金融监管的宏观审慎框架之下，必须加强对于系统性风险的识别、监控和预警。系统性风险的防范在宏观审慎监管体系下占据核心位置，上海自贸区的金融监管体系始终要以系统性风险的防范为重点任务，这是自贸区金融改革的结构和趋势所决定的。系统性风险一旦出现，往往会给金融稳定、经济发展带来严重不利影响。因此，上海自贸区金融监管必须确立系统性风险的识别、监控和预警机制，通过确立充分有效的金融信息机制对于金融风险进行有效识别，在监控到系统性风险存在发生可能性时及时采取相应的预警治理措施，确保将系统性风险扼杀在萌芽状态。[①]

在上海自贸区金融监管的宏观审慎框架之下，必须建立专门性的金融监管机构，使之充分履行宏观审慎监管的职责。[②]宏观审慎金融监管的政策实现不能依赖于既有的分业监管体系和相应监管机构，而是必须对于既有监管体系进行变革创新，在必要的情况下需要新设专门性的金融监管机构。为了使该新设专门金融监管机构能够充分履行宏观审慎监管职责，必须通过专门立法明确其监控防范系统性风险的职责和权限，并赋予其灵活采取监管措施的权力，使其能够依据上海自贸区金融改革的需要不断调整监管理念、创新监管手段。

在上海自贸区金融监管的宏观审慎框架之下，必须重点加强对于跨市场、跨领域的金融机构和金融产品的监管。上海自贸区金融改革的特殊性在于消除市场化的壁垒，使金融市场体系得以有效整合进而变得更为市场化、国际化，充分发挥市场机制在配置资源过程中的决定性作用。在此背景下，必然会有更多跨市场、跨领域的金融机构和金融产品得以发展，它们对于金融市场的发展和金融秩序的稳定也会产生越来越大的影响。此外，这些金融机构和金融产品也是金融体系系统性风险发生的重要影响因素。在宏观审慎监管框架之下，必须加强对于这些金融机构和金融产品的监管，并且依据相应金融风险的特殊性确立特殊的监管机制和监管手段。

[①] 参见张瑾：《基于模糊模式识别技术的上海自贸区宏观审慎风险评估模式研究》，《武汉金融》2016 年第 3 期。

[②] 对此的比较研究参见刘志洋：《宏观审慎监管机构安排的国际实践》，《国际金融研究》2012 年第 8 期。

在上海自贸区金融监管的宏观审慎框架之下，必须加强对于系统重要性金融机构的监管。传统的金融监管偏重于对于具体金融机构的风险监管，但是对于那些可能对金融市场造成巨大影响的大型金融机构却没有给予充分的注意，以至于这些大型金融机构一旦发生风险，就可能影响到整个金融市场体系的稳定，而监管机构对于相应风险的预防、传递、控制却缺乏必要的监管手段。在上海自贸区宏观审慎的监管框架下，有必要识别上海自贸区内的系统重要性金融机构，并对这些金融机构的治理结构、运营情况、风险情况等进行系统化监管，确保这些金融机构的风险状况能够全面掌控，一旦发生严重风险状况能够及时采取监管措施加以化解。[①]

（三）调整金融监管架构

在上海自贸区新的金融监管体系下，要顺利实现对于系统性风险防范的宏观审慎监管，就不能依赖传统的监管机制和监管机构。特别是我国目前金融监管权限分立的情况下，自贸区金融改革创新过程中的一些新类型疑难问题就无法有效加以解决，在此背景下必须设立新型的专业性监管机构。在上文的论述分析中，对于这一问题已经有所阐释。面临的现实问题是，在上海自贸区如何设立这一机构？这一机构是吸纳既有的传统监管机构，还是在保留既有监管机构的基础上新设机构？这一机构如何和全国性金融监管机构相互分工协调？对于这些问题必须加以深入的思考。

参照前文介绍的比较法经验，目前可供选择的方案有以下两种：一是在上海自贸区内设立全新的金融监管机构，把自贸区金融监管权力完全赋予这一机构，使其拥有最为宽泛的监管权限，对于上海自贸区内任何类型的金融风险均能采取有效监管措施；二是在保留既有分业监管格局之下，

---

① 对于系统重要性金融机构监管比较法上的论述参见袁达松：《系统重要性金融机构监管的国际法制建构与中国回应》，《法学研究》2013 年第 2 期。

设立专门进行系统性风险防范的金融监管机构，也即人民银行、银监会、证监会、保监会等监管机构继续按照既有监管框架履行自身职责，新设金融机构专注于上海自贸区新类型风险、系统性风险的监管。

以上两种方案各有利弊。第一个方案实际上涉及更为全面的改革，需要对既有的金融监管体系进行根本性调整，如人民银行、银监会、证监会、保监会等需要将上海自贸区的金融监管权力转移给新设金融机构，同时从国家和上海自贸区金融监管衔接的角度来看，新设全能型金融监管机构还必须同既有国家性金融监管机构保持协作，即确保上海自贸区金融监管的独立性和自主性，又必须保障同全国金融监管体系的一致性和协调性。对于新设全能型金融机构而言，在赋予全面金融监管权限的情形下，如何合理建构监管体制、优化运用监管权力也是需要重点考虑的问题。第二个方案不会涉及既有金融监管体系的根本性调整，上海自贸区新设专业性金融监管机构只是专注于系统性风险的防范，具有更为专业化的定位和更为明确化的权限，有利于上海自贸区内金融系统性风险的识别、预警和处置。但是，金融监管毕竟需要整个金融监管机构体系的协同参与，新设专业化金融监管机构必须同其他监管机构保持充分有效的沟通，这本身就会耗费一定的社会成本，而金融监管权限的划分可能会使各个监管机构依然遵循分业监管的思维，不利于系统性风险的防范。

从深化上海自贸区金融改革的目的出发，特别是考虑到为全国金融改革提炼可推广、可复制经验的要求，上海自贸区金融监管组织的完善宜采取第一种思路，也即建立全能型的金融监管机构，赋予其宽泛的金融监管权限，使其能够对于上海自贸区金融改革实施全方面、深层次的监管，进而有效防范系统性风险的发生，落实好宏观审慎监管的原则要求。[1]

---

① 参见陈胜：《上海自贸区金融监管如何创新》，《法人》2013 年第 10 期。

（四）拓展金融监管权限

在既有监管体系下，对于金融业的监管分属于人民银行、银监会、证监会、保监会等机构，分业监管格局的存在导致没有任何机关具有"全局性监管"的权限和能力，这就导致了金融监管实践中出现了"监管权力真空"、"监管权限冲突"等弊端。在上海自贸区未来的金融监管改革框架下，可以赋予新设立的金融监管机构"充分"的监管权限，以便其开展全面而有效的监管活动。

就监管主体来说，新的金融监管机构应当被赋予监管商业银行、证券公司、保险公司、基金公司、金融控股集团、互联网金融机构等所有类型金融机构的权限，在主体层面实现全覆盖；就监管业务而言，新的金融监管机构在对传统金融业务进行监管的同时，也应当对各类新型金融业务加以充分监管，特别是对于那些跨市场、跨领域的复杂金融交易进行穿透监管；就监管层次而言，新的金融监管机构既应当贯彻微观审慎监管的传统框架规则，更应重视宏观审慎监管理念的有效落实，在防范金融机构具体经营风险的同时，更加注重金融体系系统性风险的监控和处理。

对于新的全能型自贸区金融监管机构而言，对于上海自贸区内的系统重要性金融机构的有效监管变得极为重要。在此背景下，应当明确上海自贸区内系统重要性金融机构的认定标准，对于纳入范围的金融机构应当在资本、杠杆率、流动性、风险管理等方面制定更为严格的标准，同时对于这些机构定期进行风险检查评估，分析其是否威胁金融系统的稳定。

强化对于金融控股公司的监管也应当是自贸区新设金融监管机构的重要职责。对于金融控股公司及其下属的各类公司，应能进行全面深入的现场检查。从监管信息获取的角度来看，监管机构应当可以全面获取金融控股公司及其交易对手的详细信息。

（五）优化金融监管程序

上海自贸区金融监管制度的有效运作，除了需要具备前述要素之外，还需要透明化、高效化的监管程序。特别是就事中事后监管而言，必须确立公正、公开、公平的监管程序体系，使得监管机构的监管权力得到规范行使，这是上海自贸区金融监管"法治化"的应然体现。

从上文的论述中可以看出，金融监管程序的完善对于上海自贸区金融监管体系具有两重意义：一是将使得金融监管常态化、制度化，特别是监管权限的行使、监管措施的采纳、监管调查的实施等遵循制度化、法治化逻辑，使得上海自贸区内金融机构对于金融监管有更为稳定的预期，这也有利于他们开展金融创新业务并充分接受金融监管治理；二是对金融监管权力的行使构成有效的约束，使金融监管机构在行使相应职权时不至于滥用权力，进而影响监管对象的日常运作或损害金融机构的合法权益。

金融监管程序对于未来上海自贸区金融监管体制的完善具有重要意义。如同上文所述，未来专门性的自贸区金融监管机构将秉承"宏观审慎监管"和"全面综合监管"的思路，对于上海自贸区内的所有金融机构和所有金融业务进行监管。这一机构将会拥有全面而宽泛的金融监管权限，它的日常监管活动将会对上海自贸区金融业的发展产生重要影响。如果不能对之加以有效的程序引导和程序控制，金融监管机构的权力行使将会陷入"无序"状态，不仅无法有效实现既定监管目标，而且可能导致金融市场混乱发展局面的出现。①

就上海自贸区金融监管程序的完善而言，有必要在上文所述的自贸区金融监管立法中专门加以规定，并应当有效贯彻以下原则：除了必要性的

---

① 参见叶珊：《监督监管者：程序管控思路下的金融监管》，《江西财经大学学报》2011 年第 1 期。

事前审核控制之外（如金融业务牌照的颁发），原则上在市场准入层面应当采取备案制（如分支机构的设立、高管人员的任命、金融产品的推出），对于金融机构的设立、金融业务的开展原则上持支持和鼓励的态度，避免出现不必要和不正当的干预；强化对于金融机构和金融业务的"事中事后监管"，确保金融风险能够得到有效监管和控制；强化监管过程的"质量"控制，确保具体监管措施的效率性，在适当情形下借助外部专业评估机构确保监管目标的有效达成。

具体而言，上海自贸区金融监管程序的完善应当注重解决以下几个问题：一是要优化监管流程。对于自贸区金融监管机构如何履行监管职责，应当确定较为明确的工作流程。二是要明确监管责任。对于监管流程体系下各个机构或部门的监管权限和监管措施应当加以明确，对于违反相关规定的应当明确其法律责任，如此才能确保监管程序的高效运转。

（六）加强金融消费者保护

随着上海自贸区金融改革的深化，特别是利率市场化、汇率市场化、人民币资本项目可兑换改革的推进，上海自贸区金融市场将会呈现出更为开放化、国际化、复杂化等特征。与此相适应的是，上海自贸区内的金融产品市场也将得到丰富发展，各种类型的金融创新产品将会进入投资者的视野。投资者拥有更为宽泛的金融产品选择自由权利，但是可能也会因这些复杂金融产品的投资而承受更高的风险。在此背景下，如果欠缺有效的金融消费者权利保护机制，上海自贸区内投资者的合法权益保障就可能受到影响。

在我国当下的金融制度体系下，虽然各个金融监管机构已经为金融消费者权利保护工作做了大量努力，但是既有的金融消费者权利保护大多是建立在分业监管逻辑体系之下。对于那些新型的、复杂的金融产品，既有消费者权利保护机制并未提供充分的保障手段。① 这也是近年来一些互联网金融争议案件、私募金融产品争议案件中投资者无法得到有效权益保障的重要原因。在上海自贸区深化金融改革的背景下，可以预见到金融消费者权益保护会面临到更多疑难问题，在此情形下必须有针对性地建立金融消费者权益保护机制，并将其视为上海自贸区金融监管体系完善的重要内容。

为了更为全面、更为有力地保障上海自贸区内金融消费者的合法权益，有必要在上海自贸区内设立专门性的金融消费者保护机构，由该机构履行保障金融消费者的职责。该机构应当将既有金融消费者保护机构的权限加以集中，既强化对于传统金融业务中金融消费者的权益保障，又针对创新金融业务中金融消费者的权益保护提供专门性的应对机制。该金融机构应该确立快捷高效的金融消费者争议处理机制，对于金融消费者针对金融机构和金融产品的投诉快速加以处理，并积极帮助金融消费者维权。

就具体职责而言，上海自贸区金融消费者权益保护机构应当切实履行以下职责：强化对于金融产品销售的规制，确保金融产品销售过程中充分的信息披露和风险说明，加强对于欺诈、误导、虚假宣传等不当销售行为的规制；强化合格投资者制度的贯彻，确保金融产品销售给合格的对象，特别是高风险的金融产品只能销售给风险承受能力强、风险识别能力高的合格投资者；加强对于金融消费者的教育，使得他们能够合理从事金融投资，并能积极运用法律手段保护自身的合法权益。当然，也应当赋予金融消费者权益保护机构对金融机构进行现场检查、书面调查等权限。

（七）统一金融基础设施

上海自贸区金融监管体制的优化离不开金融基础设施的完善。系统性风险的防范要求金融监管机构获取更为全面的金融市场信息。在传统的金

---

① 参见刘迎霜：《我国金融消费者权益保护路径探析》，《现代法学》2011 年第 3 期。

融监管格局下，由于金融基础设施建设欠缺整体性和一致性，各个金融监管机构往往难以获得全面的金融市场信息，不同监管机构之间也欠缺有效的信息交流机制，这也不利于宏观审慎监管的实现和对系统性风险的发现、识别、防范。[①] 在上海自贸区金融监管体制的完善过程中，应当避免过去金融基础设施建设碎片化、割裂化的弊端，强调从统一化、协调化的视角来建构金融基础设施。

其中，继续完善以自由贸易账户为基础的金融风险监测与管理系统当属自贸区金融基础设施建设工作的重中之重。上海自贸区应当继续优化完善自贸区贸易账户体系，使得该系统能够和海关、税务等部门有效对接，实现对上海自贸区金融活动特别是跨境金融活动的全方位实时动态监管。在此基础上，才能有效建立以市场全覆盖为目标、以信息互联共享为基础的综合性监管机制。

当然，上海自贸区金融基础建设不限于自由贸易账户体系。支付、清算、征信等整体性制度体系的完善也是上海自贸区金融监管体制改革的重要内容。支付、清算、征信等制度是现代金融体系下最为重要的基础设施，这些基础设施的完善不仅将有利于上海自贸区金融机构和公司企业的资金周转，而且也有利于监管机构高效开展宏观审慎监管和微观审慎监管，是防范金融风险、保障金融稳定的重要基础和基本保障。上海自贸区应当根据金融深化改革需要不断完善支付、清算以及信用评价体系，特别按照网络化、信息化的要求重塑既有金融基础设施体系，提高自贸区内的资金周转效率，确保金融创新业务的有序开展。

---

① 参见杨涛、李鑫：《国际金融市场基础设施监管改革及其对我国的启示》，《金融监管研究》2015 年第 8 期。

（八）完善风险处置机制

上海自贸区金融监管建设应当包括两个方面的内容：一方面应当加强宏观审慎监管，通过日常有效监管机制，确保金融机构过度承担风险，降低金融机构经营失败概率，提高整个金融体系的稳健程度；另一方面应当健全金融机构的风险处置机制。宏观审慎监管和微观审慎监管也有其功能限度，不可能完全避免部分金融机构出现经营失败的状况，在此时就需要有效的金融机构风险处置和退出安排的机制，有效切割单体金融机构风险和整体金融体系风险，避免系统性风险危机的发生。[①]

在上海自贸区继续深化金融改革的背景下，必须使得市场在资源配置中起到决定性作用，对于金融机构的风险处置也必须按照市场化的逻辑加以处理，由此建立完善金融机构风险处置机制就变得极为重要。随着利率市场化改革的加速，上海自贸区内金融机构利润空间也会缩小，经营成本和经营风险则会显著增加，在此背景下经营失败的概率也会增加。随着市场竞争的加剧，金融机构之间的优胜劣汰也会更为明显。在这些情形下，不能再依靠纯粹的政府救助使得金融机构脱离困境，而是必须通过有效可靠的风险处置和退出机制处理"问题金融机构"。

具体而言，上海自贸区金融机构风险退出机制建设需要着重从以下几个方面展开：

一是从观念上重视金融机构风险处置和市场退出机制的重要性。金融风险和金融危机通常来说紧密相连，对于一般性金融风险不能有效加以控制，就有可能演变成为系统性金融危机。因此，金融机构风险处置和市场退出机制的建设本身应是金融市场体系建设的重要组成部分，在上海自贸区金融监管体系的建构完善过程中应当将其视为重点任务。

---

① 参见王兆星：《高风险金融机构的处置与退出机制》，《中国金融》2015 年第 11 期。

二是完善金融机构风险处置和市场退出的具体制度。对于上海自贸区内高风险金融机构如何进行风险识别、如何制定分类处置方案、如何安排清算退出和损失分担等，上海自贸区金融监管立法应当对之加以详尽规定。对于上海自贸区内的系统重要性金融机构，应当在资本流动性要求、股东自救、债权人自救等方面制定更为严格的标准和更为全面的措施。同时，监管机构应当确保这些制度安排符合法律、法规的相关规定。

三是在上海自贸区金融机构风险处置和市场退出实践中切实有效贯彻以下监管原则：加强对于高风险金融机构的早期识别，通过有效的风险评级和风险预警及早采取干预措施；有效运用市场化处置手段，提高处置效率、降低处置成本。充分运用"购买与承接"方式化解金融机构的风险，减少对于金融市场的冲击；充分发挥股东和债权人的自我救助机制，运用股东注资、资产出售、资产分拆、减记债务、债务转换等机制化解金融机构风险；有效运用存款保险机制，保护存款人合法权益。

（九）确立监管协调机制

上海自贸区的改革本身是我国市场经济体制全面深化改革的一场局部试验，其对于中国经济社会发展具有至关重要的意义，其对于我国全国范围内市场经济的深化发展、简政放权的有效实施将会积累丰富的经验。对于上海自贸区金融创新和金融监管的思考，也必须纳入全国性的框架视野之下，特别考虑到其区域外的影响以及和全国性金融体系和金融监管的协调。而在全球化不断深化的当下，甚至要考虑和全球性金融监管机制的协调问题。

在此背景下，就必须有效确立上海自贸区金融监管和全国性金融监管之间的协调合作机制。在建构上海自贸区金融监管体系或解决上海自贸区金融监管难题时，上海自贸区金融监管机构不能限于自贸区内各方主体的利益衡量，而是应当从国家视角处理相关问题。在此背景下，上海自贸区金融监管机构就必须建立与国务院以及其他全国性金融监管机构的协调沟通机制，确保相应的体系选择和问题处理都既符合国家利益原则，又适应监管实践需要。实际上，这是宏观审慎监管的本质特征所决定的，只有加强不同层面的金融监管协调，才能降低宏观审慎监管的集体行动困境，才能确保监管手段和监管目标之间的一致性和成比例性，也才能最终有效防范系统性风险的发生。①

具体来说，上海自贸区金融监管机构应当和中国人民银行、银监会、证监会、保监会、国家外汇管理局等监管机构建立定期交流协商机制，就上海自贸区金融监管实践中遇到的疑难问题进行协商处理，并将交流协商的方式、内容、规则等加以制度化。另外，上海自贸区金融监管机构及国家性金融监管机构也需要与自贸区金融业务保持密切联系的境外监管机构保持沟通，有效建构多边性或国际性交流协调机制。这也是上海自贸区金融改革开放化、国际化等特征所决定的。通过国际性监管协调机制的确立，才能有效防范境外金融风险向上海自贸区金融市场的传递，降低境外不良金融政策的影响效应。

（十）引入监管评估机制

上海自贸区改革最为重要的任务在于为我国市场经济体制的全面深化改革积累经验。对于金融制度创新和金融监管改革而言，上海自贸区的经验对于全国范围内金融改革的深化开展和金融监管的优化完善也有至关重要的意义。因此，必须确立合理的评估机制，对于上海自贸区金融创新和金融监管定期进行评估，根据改革实践效果逐步提炼可推广、可复制的改革经验，在适当的情形下再向其他自贸区甚至全国范围内加以推广。②

---

① 参见马新彬：《宏观审慎政策协调机制》，《中国金融》2016 年第 1 期。
② 参见管涛：《自贸区红利：金融开放试点的意义与影响》，《新金融》2014 年第 2 期。

在上文的阐述中，对于上海自贸区应当确立的监管体制、应予新设的监管机构、应该赋予的监管权限、需要确立的监管程序、有待完善的基础设施、亟待完善的合作机制等"要素"进行了详尽探讨。实际上，这种解释论证都依然停留在"纸面上"，一旦真正落实在"实践中"，必然会面临无穷无尽的现实问题。对于这些现实问题，监管机构又必须制定相应的规制监管方案加以处理。可以说，上海自贸区金融改革创新和金融监管优化将会持续进行，并且也只有在不断的调整变迁过程中逐步加以完善。这就决定了必须及时审视评估上海自贸区金融改革和金融监管的状况，如此才能使上海自贸区金融监管制度的调整进入一个"良性循环"的过程。

因此，在上海自贸区制度体系下必须设立专门的自贸区改革经验评估机构，由其定期对金融改革和金融监管的有效性进行评估。对于改革实践中已经被证明为有效的改革举措和监管措施，评估机构应当将其加以总结提炼，使其能够成为"可推广、可复制"的自贸区改革经验，并向国务院、人民银行、银监会、证监会、保监会等加以报送；对于那些已被实践经验证明为不适合的改革举措，评估机构应当分析这些改革措施不能发挥实效的根本原因，以及判断是否具备完善优化的空间。如果完全不具有完善优化的可能性，评估机构应当提请有权机构废止这些金融改革和金融监管措施。

在上海自贸区金融改革和金融监管"可推广、可复制"改革经验向其他自贸区或者全国范围进行推广复制时，必然也会面临"适应性"的难题。上海自贸区金融改革和金融监管"可推广、可复制"改革经验的形成必然和上海自贸区特殊的制度环境存在关联，上海自贸区改革经验评估机构对于上述可推广、可复制改革经验在上海自贸区内如何得以形成应当有更为深入的认识和理解。为了使其他自贸区或全国范围能够更好地推广复制这些改革经验，评估机构有必要对这些改革经验的具体实施作出更为具体的说明，并能及时解答其他地域在推广复制这些改革经验时所遇到的各种难题。[①]

---

① 有学者对于外地如何复制推广上海自贸区改革创新经验进行了深入研讨。参见李鲁、张学良：《上海自贸试验区制度推广的"梯度对接"战略研讨》，《外国经济与管理》2015 年第 2 期。